성철아,
아빠 얘길 들어다오

박인호

삶을 깨닫게 하는 인생의 장면, 190

박영사

이제 결혼 33주년을 맞이합니다.
언제나 변함없이 곁을 지켜준 아내와
바르게 자라준 철·효·경에게 다시 한번 감사드립니다.
오늘도 요양시설에서 삶의 의지를 잃지 않는 우리의 부모를 보며,
또 한 세대가 이어짐을 알게 됩니다. 벌써 스스로의 삶을 돌아보게 되는,
우리 나이의 이들과 그 길을 이어갈 사랑하는 아이들에게
이 책을 드립니다.

차례

1장

20세,
나는 아직 어리구나.

- 모든 생명체 집단은 경쟁구도를 바탕으로 한다.
- 우리는 집단적으로 사고하고 권위를 따른다.
- 우리들, 서로 간의 순서를 정할 수는 없다.
- 나만의 특별함을 찾아가는 인생여행을 시작해보자.
- 언제나 서열, 순서는 있었고 지금도 있다.
- 우주의 기본 원리는 너와 내가 서로 '다름'이다.

숲의 식물들이 더 많은 빛을 받기 위해 다투고 있다.

평화로운 숲으로 보이나요?
나무들이 많은 빛을 받기 위해 서로 경쟁하고 있군요!

소나무를 타고 '빛 경쟁' 중인 담쟁이넝쿨

"지구상, 모든 생명체에는 '경쟁 프로그램'이 이식되어 있다." 생명체들이 경쟁하는 현상은 생물학적 관점에서 많은 경우에 관찰되는 현상이다. 이러한 경쟁은 생존과 번식을 위한 자원 확보, 생존 가능성을 높이기 위한 전략 등과 관련되어 있다.

● 모든 생명체 집단은 경쟁구도를 바탕으로 한다.

곤충들이 서로 영역 싸움을 하고 있다.

많은 생물종은 자원 확보, 번식 기회 획득, 생존 등을 위해 경쟁한다. 생물학에서 이러한 경쟁 현상은 자연선택과 진화의 원동력 중 하나로 작용하며, 종의 적응력과 존속력을 형성하는 과정 중에 중요한 역할을 한다.

사슴벌레의 영역 싸움

결국, 현재의 식물이라 불리는 생물들은 언젠가부터, 스스로 태양의 에너지를 이용하여 단순한 물질에서 복잡한 물질을 합성하기 시작했고, 생명 탄생 초기의 '원시 수프'에서 발생한 유기물 합성 과정을 더욱 빠르게 재현해냈다. 반면 동물이라 불리는 다른 생물들은 식물을 먹거나 다른 동물을 먹음으로써 화학적 에너지를 확보, 즉 손쉽게 가로채는 방법을 알아냈다. 현재까지도, 이 두 생물군은 교묘한 생존 전략을 점점 더 다양하게 지속적으로 발전시키며, 오늘날 놀라울 만큼 다양한 각자의 생존을 위한 생활 방식을 채택하게 되었다.

p. 119 《이기적 유전자》, 리처드 도킨스, 홍영남·이상임 옮김, 을유문화사, 1993.

3절

동물들이 번식을 위해 서로 경쟁하고 있다.

수컷 영양의 번식 경쟁

거의 모든 동물 종들은 자원 확보, 번식 기회 확보, 생존을 위해 어떤 형태로 든 경쟁을 한다. 생존과 번식은 진화적인 관점에서 매우 중요한 요소이며, 이를 위해 동물들은 서로 경쟁하거나 자원을 차지하려는 행동을 보인다.

- 모든 생명체 집단은 경쟁구도를 바탕으로 한다.

인류 사회도 기본적으로 상호 견제의 구도를 바탕으로 구성된다.

사회적인 부의 분배에 대한 기본적인 시각 차이를 바탕으로 '진보'와 '보수'라는 정치적 구분이 형성된다. 이 두 가지 접근은 사회나 정치 분야에서 정책 및 가치 판단에 영향을 미치는 중요한 개념이다.

진보 vs. 보수

살기를 원하는 자는 반드시 싸워야 한다. 이 끊임없는 투쟁의 세계에서 싸우기를 꺼리는 자는 살 가치가 없다. 그러나 인간은 부질없이 자연의 정복을 시도하게 된다. 그리고는, 결국 스스로를 매우 가혹한 운명에 처하게 만든다. 경제적 어려움과 불행, 그리고 질병은 그러한 시도에 대한 자연의 처절한 답변이다.

p. 138 《나의 투쟁》, 아돌프 히틀러, 이명성 옮김, 홍신문화사, 1996.

세계적으로도 주도권 경쟁이 있다.

세계 패권 경쟁

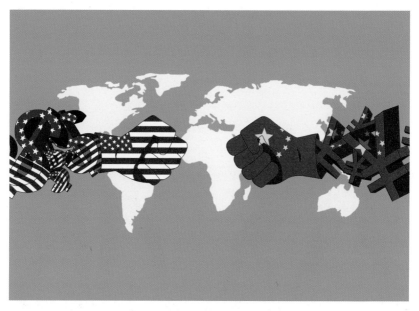

달러 vs. 위안화

미국은 전 세계에서 사용되는 달러를 통해 국제적 영향력을 행사하는 나라이다. 실제로, 역설적이게도 자국에서 발행된 달러의 대다수는 해외를 떠돌며 순환한다. 미국은 달러를 찍어낼 때마다 해외에서 무료 쇼핑을 하는 셈이다. 이를 통해 해외에서 손쉽게 경제적 혜택을 누리게 되는 것이다.

p. 6 《전쟁 기획자들》, 서영교, 글항아리, 2014.

● 모든 생명체 집단은 경쟁구도를 바탕으로 한다.

언제나 전쟁은 있었고 지금도 끊이지 않는다.

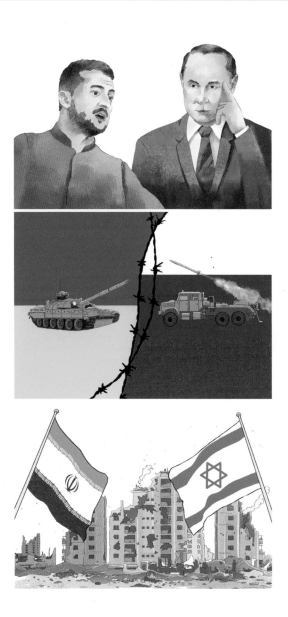

7절

인류의 대뇌 피질은 수백만 년 전, 인간이 영장류였던 시기에 형성되었다.

뇌구조와 우리의 사고 자체는 오랜 집단생활의 결과물이다.

두개골 용적의 증가

현재 뇌의 구조에서 우리는 진화의 단계들을 엿볼 수 있다. 뇌는 내부에서 외부로 발전했다. 가장 깊숙한 곳에는 뇌간이 위치하며, 이는 뇌의 가장 오래된 부분이다. 반대로 가장 바깥 부분인 대뇌 피질은 최근, 수백만 년 전 인간이 영장류였던 시기에 형성된 부분이다. 따라서, 인류와 다른 종들 사이의 구분은 대뇌 피질에서 비롯되며, 인간의 특성은 이 대뇌 피질 덕분에 형성된다. 간단히 말해 인류 문명은 대뇌 피질의 결과물이다.

p. 549 《코스모스》, 칼 세이건, 홍승수 옮김, 사이언스북스, 2006.

● 우리는 집단적으로 사고하고 권위를 따른다.

8절

인류를 포함, 지구 생명체 모두는 그 기원을 같이한다.

지금까지 다룬 몇 가지 사실들은 이 세상에 존재하는 수많은 유기체 종, 속, 그리고 과들이 각자 자신의 강이나 집단 내의 '공통 조상'으로부터 내려왔고, 끝없는 세대의 계승 과정에서 변화했음을 분명히 보여준다. 그러므로 나는 다른 사실이나 논의의 지지를 받지 못한다 해도, 이 관점을 망설임 없이 받아들일 수밖에 없다.

p. 609 《종의 기원》, 찰스 다윈, 장대익 옮김, 사이언스북스, 2019.

9절

'뇌구조'와 '우리의 사고'는 오랜 집단생활의 결과물이다.

기러기 이동

물고기 떼

무리는 앞선 개체를 따라 이어진다.

집단사고(Group thinking)

● 우리는 집단적으로 사고하고 권위를 따른다.

시대와 공간은 우리의 사고를 결정한다.

시간과 공간은 우리의 사고와 경험에 근본적인 영향을 미치며, 우리의 인식, 문화적인 맥락, 추상적 사고, 관계 형성 등 다양한 측면에서 우리의 사고를 결정한다.

준거 집단

민족·국가

중세시대

에피스테메(épistémè)

'에피스테메'라는 말은 다음과 같은 네 가지 의미를 가진다.
① 한 시대에 존재하는 인식론적 구조, 과학, 때에 따라 공식화된 체계들을 모아놓은 집합, ② 이들 각각에서 인식론적, 과학적, 공식적 이행이 어떻게 이루어지는지를 나타내는 방식, ③ 이들이 서로 일치하거나 충돌할 수 있는 한계들의 분포를 뜻하며, ④ 인식론적 구조나 과학 사이에서, 서로 이웃하지만 서로 다른 접근 방식들 사이에서 나타나는 관계들을 의미한다.
즉, '에피스테메'란 특정 시대 사람의 인식 체계를 의미한다. 그리고 그것들이 충돌하고 이루어지는 방식 및 그것을 향한 서로 다른 접근방식들 사이의 관계를 말한다.

p. 266 《지식의 고고학》, 미셸 푸코, 지정우 역, 민음사, 2000.

20세, 나는 아직 어리구나.

11절

지구 생명체는 집단적으로 사고하고 우리의 생각은 응집력을 갖는다.

누떼

FOMO(Fear of missing out)

● 우리는 집단적으로 사고하고 권위를 따른다.

무의식적으로도 우리는 사고의 공통분모를 가지고 있다.

집단 무의식(Collective Unconscious)

누구에게나 이미 선천적으로 갖추어져 있는, 원초적이고 보편적인 무의식의 심층. 태곳적부터 반복적으로 경험된 인류 조상의 체험의 침전이며 유전된 여러 행동 유형을 말한다.

우리는 갓 태어난 동물들이 본능적으로 하는 독특한 행동을 알고 있다. 또한, 학습한 경험을 통해 그들이 그런 행동을 한다고 생각지 않는다. 마찬가지로 사람도 각자가 태어날 때마다 개인의 삶과 방식을 스스로 창조해내는 것으로 보기는 어렵다. 동물의 본능과 마찬가지로 사람의 마음에 내재된 집단적인 사고 형태는 타고난 것이며, 그것은 오랜 역사 속에서 수많은 세대를 거쳐 전해져 온 것이다. 자연스럽게, 이 '집단 무의식', 집단적 사고 형태는 대개 모든 인간에게 비슷한 방식으로 작동한다.

p. 75 《인간과 상징》, 칼 G. 융, 이윤기 옮김, 열린책들, 1996.

20세, 나는 아직 어리구나.

13절

인류를 포함한 생명 공동체는 각자, 독특한 개체 간의 소통 방법을 발전시켰다.

침팬지는 음성으로 소통한다.

고래의 발성법은 매우 복잡하고 다양하다. 혹등고래의 노래를 음성 언어로 간주할 경우, 그 안에 담긴 정보량은 10의 6승 바이트에 달한다. 이 정도의 정보량이라면 인간의 대서사시인 《일리아드》나 《오디세이아》와 맞먹는 분량이다.

p. 539 《코스모스》, 칼 세이건, 홍승수 옮김, 사이언스북스, 2006.

● 우리는 집단적으로 사고하고 권위를 따른다.

우리가 집단적으로 사고한다는 사실은 쉽게 알 수 있다.

입을 가리는 한국인   집단사고(Group thinking)

50s   60s   70s

80s   90s   Now

2019년 골프인구의 급증현상

1장

20세, 나는 아직 어리구나.

15절

오랜 집단생활 속 진화의 결과, 인류는 집단적으로 사고하고 권위를 따른다.

인간은 사회적 동물이며, 오랜 기간 동안 집단생활을 하면서 서로 협력하고 상호작용하는 과정에서 권위라는 개념이 생겨났다.

권위: 다른 사람을 통솔하여 이끄는 힘.

● 우리는 집단적으로 사고하고 권위를 따른다.

우리는 권위 너머의 진실을 보지 못한다.

17절

나는 뽐내며 살고 싶다. 나는 잘나고 싶다.

나는 언제나 남들과 비교하는 버릇이 있어요. 자랑하고, 뽐내고 싶은 욕구가 항상 마음속에 있어요! 잘못된 건가요? 겸손하지 못한 건가요?

그렇지 않습니다. 우리는 모두 뽐내며 살고 싶은 욕구가 마음 한편에 자리잡고 있습니다. 상대를 이기고 싶고, 잘나고 싶고, 자랑하고 싶고, 인정받고 싶은 마음인 것이지요.

● 우리들, 서로 간의 순서를 정할 수는 없다.

일정한 기준의 어떠한 도구도 인간 서로 간의 서열을 정할 수는 없다.

특정 시점을 기준으로 인간 서로 간의 서열을 정할 수 있는 어떠한 도구도 존재하지 않는다.

시험을 치르고 있다. 오늘의 결과는 이들의 앞길에서 많은 것을 결정할 것이다.

우리는 평생 동안 계속해서 성장하고 발전하는 과정을 거치며 다양한 경험과 학습을 통해 능력과 인격이 형성된다. 따라서 특정 시점에서 인간의 서열을 정하는 것은 그 사람의 전체적인 역량과 잠재력을 반영하지 못한다.

대학입시와 같은 선택과정은 특히 중요한 결정이며, 많은 사회에서 젊은 세대에게 미치는 영향이 크다. 그러나 이러한 결정을 단순히 일회성의 시험 성적이나 입학 시스템에 의존하여 정하는 것은 부당할 수 있다. 한 번의 시험 성적이나 결정이 아닌 삶의 여정에 따라 주어지는 다양한 과제 수행의 지속적인 평가를 통해 성장과 발전을 인정하고 포용하는 문화가 필요하다.

19절

대학입시는 생애 첫 번째 권위 수여식이다.
일생 동안 자존감을 지탱하는 '기본 자산'을 부여받게 된다.

'첫 번째 권위 수여식'

대학입시설명회

우리는 너무도 치열할 수밖에 없다.

대학입시 과열현상의 정도는 사회 소득 불평등의 정도와 미래의 경제적 이득이 교육에 의해 영향을 받게 되는 정도로 설명 가능하다. 경쟁이 치열하여, 학업 성과에서 남들보다 뛰어나야만 성공할 수 있는 사회에서는 부모들이 자녀를 그 방향으로 밀어붙이는 양육을 할 가능성이 높다. 그에 반해 경제적 불평등이 적고 중산층이 안정적인 삶을 살 수 있는 사회에서는 부모의 선택이 자녀의 장래에 큰 영향을 미치지 않아 부모들이 더 평온한, 느긋한 태도를 가질 수 있을 것이다.

p. 432 《기울어진 교육》, 마티아스 도프케·파브리지오 질리보티, 김승진 옮김, 메디치미디어, 2020.

● 우리들, 서로 간의 순서를 정할 수는 없다.

우수하고 뛰어난 부분은 있다.
하지만, 점수 뒤의 중요한 가치들은 어떻게 평가할 것인가?

우리는 많은 것을 평가할 수 없다.

- 공감능력
- 융합능력
- 공간감각

- 도전정신
- 예술성, 가치관
- 공동체 의식
- 도덕성
- 정의감
- 긍정적 사고
- 창의성, 통찰력
- 자기 계발

- 솔직함, 스스로에게
- 정직함
- 독립심, 자기주도성
- 결단력

- 청결함
- 정리, 정돈
- 인류애와 환경

- 꺼지지 않는 호기심
- 천진함, 활달함
- 지속적인 성장의 의지
- 순수함, 순박함
- 밝음, 유쾌함
- 유대감, 민족애
- 책임감

평가할 수 있는 것
- 기억력
- 경쟁심
- 자기애, 자존감
- 논리력
- 언어능력
- 순응력

나보다 우수하고 뛰어난 부분이 있음을 정확히 이해해야 한다. 이는 스스로를 극복하여 앞으로의 삶을 펼치기 위한 '기본 전제'가 되기 때문이다.

21절

우열이 있다 해도, 큰 차이는 없다. 무엇을 추구하며 살아가는지가 중요하다.

천재: 타인과 비교할 때, 뛰어난 사람.

<사전 1.> 선천적으로 보통 사람보다 아주 뛰어난 정신 능력이나 재주를 가진 사람.

<사전 2.> 선천적으로 타고난, 남보다 훨씬 뛰어난 재주, 또는 그런 재능을 가진 사람.

도토리 키재기, IQ(intelligence quotient): 100 ~ 200

무엇을 추구하며 살아가는지가 중요하다.

무엇을 위한 경쟁이었던가?

돈, 명예, 권력을 위한 경쟁의 서열로 전락하고 말았다.

인류 지성의 한계를 초극했던, 진정 위대했던 인물들을 떠올려보자.

쾨니히스베르크 출신의 스코틀랜드 철학자, 임마누엘 칸트와 비견될 만하다면, 우리는 그를 '위대한 인물'이라 말할 수 있을 것이다. 그의 철학은 19세기 인류 사상을 지배하였다. 인류역사에서 이처럼 단일한 사상 체계가 한 시대를 지배한 적은 없었다. 그의 철학은 거의 60년간 조용히 발전한 뒤, 1781년에 그의 유명한 저서 《실천이성 비판》을 통해 세계를 '독단의 꿈'에서 깨웠다. 그 시기부터 오늘까지 '비판철학'이 유럽 사상계를 지배해 왔다.

p. 251 《철학 이야기》, 윌 듀랜트, 임헌영 역, 동서문화사, 1994.

● 우리들, 서로 간의 순서를 정할 수는 없다.

삶의 완성도는 순발력보다는 지구력, 끈기로 결정된다.

이제까지의 수 많았던 시험뿐 아니라, 앞으로 우리는 결혼, 자녀, 직장, 동료, 형제, 사업, 친구, 건강, 부모 등 다양한 삶의 과제와 만나게 된다.

23절

우리는 평생, 주어진 '기득권'을 지키기 위해 노력한다.

연고주의

연줄 중에서도 한국사회에서 가장 큰 영향력을 미치는 것은 학연이다. 혈연도 중요하지만, 그 범위가 좁아 사회적 영향력은 크지 않다. 학연을 통제한 후의 지연 효과도 학연보다는 작다. 특히 아래의 참고문헌은 일류 대학 진학을 위한 미묘한 차이, 즉 수능 점수의 근소한 차이가 사회적 결과에 얼마나 큰 영향을 미치는지 분석한다. 한국 상류층에서 학연의 영향 분석이 담겨있다.

p. 99 《우리에게 연고는 무엇인가 : 한국의 집단주의와 네트워크》, 김성국(편집자 대표), 전통과현대, 2003.

• 우리들, 서로 간의 순서를 정할 수는 없다.

24절

경쟁과 협력은 양면성을 갖는다.

우리 사회는 '경쟁'과 '협력'의 조화로 이루어진다.

협력　경쟁

양면성

모든 삶의 장면은 언제나, 경쟁 또는 누군가에게는 협력이다.

1장 20세, 나는 아직 어리구나.

25절

'지방대학'의 꼬리표, 그것은 떨쳐버릴 수가 없는 것입니다.
넘어서는 방법 외에는 없습니다.

그것은 떨쳐버릴 수가 없는 것입니다. 넘어서는 방법 외에는 없습니다. 끊임없이 노력하세요.

- 나만의 특별함을 찾아가는 인생여행을 시작해보자.

인생이란 끊임없는 성장과정이다. 삶은 결과가 아니며, 과정일 뿐이다.

인생이란 끝없는 성장과정이다.

순발력이 아니고 지구력이다.

삶은 '결과'가 아니며, '과정'일 뿐이다.

삶의 결과는 소멸이다. 차이가 있다 해도 크지 않다. 결코 최종결과는 없다.

20세, 나는 아직 어리구나.

단면적으로 누군가를 평가하고 서열을 정하는 것은 옳지 않다.

'삶은 끊임없이 성장하는 과정이다.'

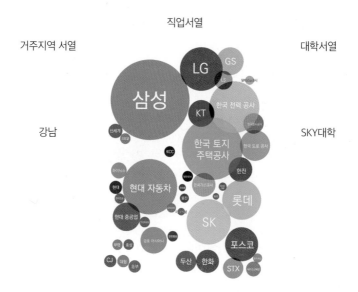

삶의 일정 시점, 누군가를 평가하고 서열을 정하는 것은 옳지 않다.

● 나만의 특별함을 찾아가는 인생여행을 시작해보자.

28절

삶을 이룸에 누구나의 '총 에너지'는 같다. 단지, 빨리 익고 늦음의 차이일 뿐이다.

기다려 주고 올바른 방향으로 인도된다면, 누구나 언젠가는 '성공'의 가능
성이 있다.

29절

하지만, 우리 각자의 출발선은 너무나 다르다.

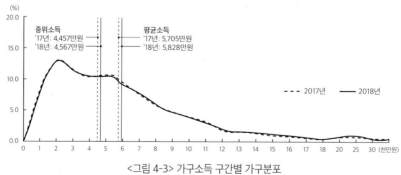

<그림 4-3> 가구소득 구간별 가구분포

p. 65 〈2019년 가계금융복지조사 보고서〉, 통계청, 2020.

● 나만의 특별함을 찾아가는 인생여행을 시작해보자.

그리고, 우리에게 기회는 많이 주어지지 않는다.

진학	시험
• 명문대학 입학	• 사법고시
• 법학전문대학원 입학	• 행정고시
• 의과대학 입학	• 자격증 시험

안타깝게도, 기회는 많지 않다.

31절

그 허전함은 채울 수가 없다. 위험하게 살아보자.

나만의 무언가가 없다면 그 허전함은 채울 수 없다.

끊임없이 도전하고, 자신의 능력을 시험하세요!

위험하게 살아보자.

- 지속적인 성장 의지
- 긍정적 사고와 도전정신
- 사회정의
- 민족번영과 인류평화
- 환경보전

인간은 동물과 초인 사이를 잇는 하나의 연결고리라 할 수 있다. 그 연결고리는 심연 위에 놓인 하나의 밧줄과도 같다. 이를 넘어서려는 것은 위험할뿐만 아니라, 그 밧줄을 건너려는 것 또한 위험하다. 과거를 돌아보는 것조차 위험하며, 두려움으로 제자리에 서 있는 것 또한 위험하다. 인간의 참된 위대함은 그가 단지 목적이 아닌 존재임을 깨닫는 데 있다. 또한 인간의 참된 존재의 의미는 위험한 도전에서 발견되며, 이는 몰락을 두려워하지 않는 것이다. 우리는 몰락하고 있는 사람들을 사랑해야 한다. 그들은 피해와 위험을 감수하며 앞으로 나아가는 사람들이기 때문이다.

p. 14 《짜라투스트라는 이렇게 말했다》, 프리드리히 니체, 백문영 옮김, 혜원출판사, 1996.

● 나만의 특별함을 찾아가는 인생여행을 시작해보자.

32절

꼭 비교할 이유는 없다. 오늘도 밤하늘의 수많은 별들은
다양한 불빛으로, 제각기 뽐내며 빛나고 있다.

작게 보일지도 모르지만, 나를 빛나게 하는, 남과 비교 불가한, 나만의 가치
는 무엇일까?

자존심, 자존감의 뜻은 무엇인가요?

수많은 별들의 밝기는 모두 다르다. 다양한 색감으로, 제각기 밤하늘을 수
놓고 있다.

'뛰어나다', '우수하다'의 의미는, 상대에 대한 비교심리를 기반으로 한다.

모든 것을 잘하기란 불가능하다. 우리는 여러 가지 사회적 역할을 동시에
수행해야 하기 때문이다. 직장에서 성과를 올리고 인정받으려고 하면 가정
생활에 소홀해질 수 있다. 반면 가정에서 좋은 부모가 되기 위해 집중하면
직장에서 문제가 생길 수 있다. 또한 배우자로서의 역할을 잘 해내려고 하
면 부모님과의 관계에 문제가 발생할 수 있다. 우리의 에너지와 시간은 한
정되어 있기 때문에 모든 영역에서 모든 사람들에게 완벽하게 인정받는 것
은 불가능하다.

p. 79 《자존감 수업》, 윤홍균, 심플라이프, 2016.

33절

자존감이란 밝기의 순서가 아니다. 나만의 색감이다.

자존감의 비밀

자신보다 우위에 있는 사람들을 보면 자존감이 낮아지지만, 자신보다 하위에 있는 사람들을 보면 자존감이 높아진다. 하지만, 모든 것을 잘할 수 있는 사람은 없다. 특정 분야에서 경험이 많고, 그 분야에서 역량을 가지고 있다면 자신감을 높일 수 있는 것이다. 자신의 장점과 단점을 인식하고, 자신에게 이해와 인정을 보여줄 수 있을 때 자존감이 높아질 수 있는 것이다. 언제나 자존감을 높이기 위해 노력하고, 자신과의 긍정적인 대화를 통해 자신의 인식과 평가를 개선할 수 있다.

자존감은 세 가지 주요 축을 기반으로 각자 다르게 해석될 수 있다. 이 세 가지는 자기 효능감, 자기 조절감, 그리고 자기 안정감이다. 먼저 '자기 효능감'은 타인과 비교하여, 자신이 얼마나 유능하다고 느끼는지를 의미한다. 문제는 현재 우리 사회가 이 축을 지나치게 강조한다는 데 있다.

p. 17《자존감 수업》, 윤홍균, 심플라이프, 2016.

● 나만의 특별함을 찾아가는 인생여행을 시작해보자.

꽃의 아름다움을 서열로 정할 수 없다.
나만의 특별함을 찾아 떠나는 인생여행을 시작해보자.

나만의 특별함을 찾아 떠나는 인생여행

삶의 큰 가치, 새로운 가치, 소중하며 간절한 나만의 가치를 찾아보자.

수많은 아름다운 꽃들이 다양한 모습으로 제각기 뽐내고 있다. 아름다움의
서열은 정할 수 없다.

나를 빛나게 하는 것은 분명히 있다.

콤플렉스는 강력한 삶의 동력이다.

콤플렉스는 나쁜 것인가?

긍정적 사고를 바탕으로 한 지속적인 자아실현, 성장의 의지

콤플렉스는 힘과 에너지 관점에서 양면성을 지니고 있다. 콤플렉스는 일종의 군집체로 형성되며 주변에 많은 에너지가 모여 있음을 의미한다. 따라서, 많은 콤플렉스는 많은 잠재적 에너지를 가지고 있다는 것을 나타내는 것이다. 다시 말해, 콤플렉스가 없는 사람보다는 투자할 수 있는 에너지가 훨씬 많다는 뜻이다. 중요한 것은 그러한 에너지를 생산적으로 활용하는 방법에 있다.

p. 148 《콤플렉스는 나의 힘》, 정승아, 좋은책만들기, 2012.

● 언제나 서열, 순서는 있었고 지금도 있다.

36절

긍정은 위대하다.

진실로 말하자면, 영원히 무너지지 않는 선과 악이란 존재하지 않는다. 선과 악은 항상 새로운 상황에서 재평가되고 재정립되어야 하는 것이다. 언제나 평가하는 사람들은 자신의 가치와 선악의 기준을 통해 힘을 발휘한다. 이는 그 자신들만의 은밀한 사랑, 영혼의 불꽃, 전율과 진실이다. 그러나 이러한 가치로부터 강력하고 새로운 변화가 태어나야만 한다. 이로 인해 기존의 구조가 무너지고 새로운 가치가 출현하는 것이다. 따라서 선과 악 사이에서 창조자가 되기를 원한다면, 먼저 기존의 모든 가치를 파괴해야 한다.

p. 119 《짜라투스트라는 이렇게 말했다》, 프리드리히 니체, 백문영 옮김, 혜원출판사, 1996.

37절

언제나 끊임없이 노력하세요. 우리는 결코, 샘솟는
'자존감의 욕망'을 버릴 수 없는 것입니다.

보다 큰, 나만의 가치들로 자신을 채워보세요!

그리고, 언제나 끊임없이 노력하세요!

자존감의 욕망은 버릴 수 없다. 단지, 대체할 수 있을 따름이다.

● 언제나 서열, 순서는 있었고 지금도 있다.

38절

우리의 사회는 불평등한가?
평등한 사회를 만들기 위했던 인류역사의 몸부림들을 떠올려보자.

우주의 본질은 불평등인가?

인류역사의 결과를 떠올려보자.

우리의 사회는 불평등한가?

오늘날까지도 세계는 자유와 평등을 조화시키는 데 실패하고 있다. 중세 문화가 기사도와 기독교를 조화시키는 데 실패한 것처럼, 지금까지의 어떤 문명도 실패하였다. 모든 인간 문화에서 이 모순은 해결하지 못한 어려운 과제이다.

p. 238 《사피엔스》, 유발 하라리, 조현욱 옮김, 김영사, 2015.

39절
언제나 순서는 있었고, 지금도 있다.

신분제 사회(카스트제도)

과거시험

우리 사회에 언제나 차이, 다름이 있다는 것은 우리 모두가 이미 알고 있다. 잘 사는 사람과 못 사는 사람, 천한 직업과 귀한 직업 등의 통상적인 차이에 대한 인식을 넘어, 사회적 차이는 소득 면에서 분석할 때 더욱 확연히, 적나라하게 드러난다. 심지어는 잘 사는 사람들 중에서도 또 다른 구분이 되는 확연한 경계점이 있다는 것은 흥미롭다. 즉, 소득순위 상위 10퍼센트 내에는 항상 매우 다른 두 가지 세계가 존재한다. 노동소득이 주를 이루는 '9퍼센트'와 요즘 점점 중요해지는, 자본소득의 능력을 갖춘 '1퍼센트'가 그것이다. 이 두 집단 간의 전환은 서서히 이루어지며, 비록 일부가 경계를 넘나드는 경우도 있지만, 분명하고 체계적인 차이가 분명 존재한다.

잘 사는 사람들 상위 10퍼센트 중, 하위 '9퍼센트'의 경우 자본소득이 일부 포함되긴 하지만, 주요 소득원은 노동소득이다. 예를 들어 한 달에 4000유로를 버는 경영자는 부동산 임대로 인해 월 1000유로의 자본소득을 추가로 얻을 수 있다. 이 경우 이 사람의 총 소득은 월 5000유로가 되며, 그중 80%가 노동소득이고 20%가 자본소득이다. 이는 '9퍼센트'의 전형적인 소득 구조를 나타낸다. 이 집단의 자본소득 중 일부는 예금, 생명보험 계약, 금융 투자 등에서 나올 수 있지만, 일반적으로 부동산 소득이 주를 이룬다. 반면 그 '1퍼센트'는 노동소득이 점차 부수적이 되고 자본소득이 주요 소득 원천이 되는 경향을 보인다. 이는 두 차례 세계대전 사이에도 그러했고 오늘날에도 마찬가지다.

p. 337 《21세기 자본》, 토마 피케티, 장경덕 외 옮김, 글항아리, 2014.

● 언제나 서열, 순서는 있었고 지금도 있다.

40절

우주는 서로 다른 다양한 원소로 이루어졌으며,
그 어디에도 균질의 공간은 없다. 우주의 기본 원리는 서로 다름이다.

서로 같음보다는, 차이와 서로 다름이 우주의 본질에 가깝다.

우리 인간은 동일한 잣대로 우열을 가릴 수 없는 존재들이다.

우주의 기본 원리는 평등이 아닌 서로 간의 차이와 다양성이라고 할 수 있다.

우리 사회는 경쟁과 협력의 조화로 유지된다.

우리 자신이 경쟁과 협력의 역사적 산물이다.

● 우주의 기본 원리는 너와 내가 서로 '다름'이다.

넋두리는 필요 없다.

다시 시작이다!

넋두리: 억울하거나 불만스러운 일 따위가 마음속에 있을 때 하소연하듯 길게 늘어놓는 말.

20세, 나는 아직 어리구나.

43절

우리는 만족할 줄 알아야 존재할 수 있다.

작은 것에도 만족.

감사합니다.

● 우주의 기본 원리는 너와 내가 서로 '다름'이다.

오히려, 세상에는 나의 도움을 필요로 하는 이들이 훨씬 많다.

나는 루저(Loser)인가?

주위를 둘러보자.

45절

성심을 다하는 끊임없는 노력은, 어떤 형태의 결과로든 나에게 돌아온다.
언젠가 스스로, '큰 바위 얼굴'이 되어있을 것이다.

삶의 여정, 그 어디선가 '큰 바위 얼굴'이 되어있을 것이다.

그 마을의 아이들이 매일 큰 바위 얼굴을 바라보며 어른이 된다는 것은 참으로 큰 행운이었다. 이 바위에 새겨진 얼굴은 고귀한 이목구비와 장엄하면서도 다정한 표정을 지니고 있었다. 그 얼굴은 인류를 따뜻하게 감싸 안고 있는 듯한 느낌을 주었으며, 엄청나게 크고 따뜻한 심장의 온기 속에서 은은하게 빛나고 있었다.

p. 61 《큰 바위 얼굴》, 너새니얼 호손, 이종인 옮김, 가지않은길, 2013.

● 우주의 기본 원리는 너와 내가 서로 '다름'이다.

그리고, 많은 이들의 쉼터가 되어주겠다.

너무도 오랜 시간 모진 풍파를 견디고도 의연히 오늘을 살고 있구나.

47절
일률적인 사회는 불행하다.

국회의원

교수　　　　장관

회장님　　　　　　　　　　　유명 유튜버

유명 연예인　　　대통령　　　변호사

- 우주의 기본 원리는 너와 내가 서로 '다름'이다.

우리는 비교할 수 없는 존재이다.

우리는 모두 같을 수 없다.

비교하지 마라.

우리는 모두 다르다.

49절
다양한 사회는 행복하다.

우리는 모두 반짝반짝 빛나는, 사랑받을 만한 존재들이다.

인간은 동일한 잣대로 우열을 가리기 어려운 존재이다. 인간은 다양한 측면에서 개인의 능력, 성격, 성향, 관심사 등에서 차이가 있으며, 이러한 차이들은 우리를 독특하고 특별한 존재로 만든다.

2장

30세,
지금까지는 준비 과정이었다.
이제 스스로 살아보자.

- 섹스, 절제가 있어 고귀하다.
- 오늘 돈을 얼마나 벌었을까?

30세, 지금까지는 준비 과정이었다. 이제 스스로 살아보자.

1절

우리는 홀로 설 수 없는 존재이다.

혼자로는 부족하다.

● 섹스, 절제가 있어 고귀하다.

결혼은 인생 '최고 난이도의 수련과정'이다.

이제 시작이다.

서로에게 성장의 배경이 되어주는 가정이면 좋겠다.

가정 생활에서 무엇인가를 이루기 위해서는 부부 간의 완벽한 화합 또는 불화가 있을 때 가능하다. 반대로 부부 관계가 모호하거나 중간 상태일 경우 어떤 일도 실행하기 어렵다. 주위의 많은 가정이 완전한 불화나 화합이 아닌 상태로 길게는 몇 년 동안이나 그 불확실한 상황에서 머무르기도 한다. 소설 속 계절의 태양은 이미 봄을 넘어 여름의 빛을 발하고 있으며, 가로수 길의 나무들은 오랜 시간, 잎을 뿌리고 그 잎들은 이제 먼지에 덮여 있다. 이 더운 여름과 먼지 속에서의 모스크바에서의 생활은 주인공, 브론스키와 안나에게 모두 견디기 어려운 일이었다.

p. 1378 《안나 카레니나》, 레프 톨스토이, 연진희 옮김, 민음사, 2009.

3절

변하지 않고 새로워지지 않는 삶은 매력적이지 않다.

특히 매혹적인 소유 대상은 간절히 원하는 욕망의 대상을 의미한다. 아름다움은 종종 그런 간절한 소유 욕망에서 비롯되기 때문이다. 사실, 어떤 대상이 아름답다고 느끼면, 그것은 욕망의 표현이기도 하다. 하지만, 우리는 일단 어떤 것을 소유하게 되면, 그것이 우리로 하여금 어떤 한계를 넘어서게 했는지, 그 욕망의 대상이 무엇이었는지를 깨닫게 된다. 그리고, 우리는 순간적인 만족을 주는 것보다 오래 지속되고 안정된 소유 욕구를 충족시킬 수 있는 대상을 더욱 갈망한다는 것을 깨닫게 된다.

p. 157 《에로티즘》, 죠르쥬 바타이유, 조한경 옮김, 민음사, 1996..

4절

섹스, 절제가 있어 고귀하다.

섹스는 둘만의 은밀한 대화이다.

지적인 섹스

실제로 성적인 취향이 다소 독특하다고 비난받는 사람들이 있다. 이런 비참한 상황을 막기 위해 많은 사람들은 뜨겁지는 않더라도 안전하고 평범한 섹스를 선호한다. 그렇게 하면 적어도 정상적으로 느껴지기 때문이다. 전반적인 결혼 생활을 고려할 때 이는 나쁜 타협안이 아닐 수 있다. 하지만 일부 사람들은 안전한 성적 경계를 넘어서서 평소와는 다른 은밀한 자신의 모습을 보여주고 싶어 한다. 그들은 문화적인 억압에 용감히 맞서 부부의 뜨거운 섹스에 도전한다. 샘솟는 욕망의 샘을 더 이상 억누르지 않고 에로스의 영역에서 자유롭게 자신을 표현한다. 성적 교감은 더러운 것이 아니라 신성한 결합인 것이다.

p. 161 《왜 다른 사람과의 섹스를 꿈꾸는가》, 에스더 페렐, 정지현 옮김, 네모난정원, 2011.

30세, 지금까지는 준비 과정이었다. 이제 스스로 살아보자.

5절

기본적으로 모든 생명체는 번식의 욕망을 가진다.

우리와 다르지 않다.

물총새 짝짓기

상어 짝짓기

- 섹스, 절제가 있어 고귀하다.

6절

지구상, 모든 생명체는 다름보다는 더 많은 공통분모를 갖는다.

30세, 지금까지는 준비 과정이었다. 이제 스스로 살아보자.

모든 생명체는 그들의 '새끼'에 집중한다.

● 섹스, 절제가 있어 고귀하다.

우리는 무엇을 추구하며 살고 있나?

오늘 우리는 무엇에 사로잡혀 있는가?

오늘도 성공을 향해 달린다. 돈, 권력과 명예를 위해.

30세, 지금까지는 준비 과정이었다. 이제 스스로 살아보자.

9절

우리는 오늘, 아이들과 최고의 시간을 보내고 있다.

찬란한 시간이다.

10절

하지만, 삶은 그리 만만치 않다.

30세, 지금까지는 준비 과정이었다. 이제 스스로 살아보자.

그리고, 최고 난이도의 숙제를 만나게 된다.

부부 갈등

마침내 창문으로 몸을 내민 아버지를 보자 증오가 끓어올라, 호주머니에서 쇠뭉치를 꺼냈다는 대목까지 이른 그때, 갑자기 그는 말을 멈추고 자리에 앉아 벽만 바라보고 있었다. 상대방들도 그의 시선을 받아들이고 있음을 알고 있었다.

"그래서," 예심판사가 말했다. "흉기를 꺼냈고... 그다음에는 어떻게 됐습니까?"

"그다음에요? 그다음에는 죽였습니다. 내 손으로 아버지의 정수리를 내리쳐 두개골을 완전히 박살 내버렸죠. 이거야말로 여러분의 생각대로 아닙니까!"

그는 갑자기 눈을 번쩍였다. 분노의 불씨가 그의 마음속에서 갑자기 예상치 못한 힘을 과시하며 타올랐다.

p. 878 《카라마조프 家의 형제들》, 표도르 도스토예프스키, 김연경 옮김, 민음사, 2007.

- 오늘 돈을 얼마나 벌었을까?

신과 함께하는 삶은 축복이다.

우리는 오늘도 고통과 함께 살고 있고, 인류는 죽음을 극복하지 못했다.

우주가 왜 존재하는지, 사물의 내적 본질이 무엇인지? 같은 문제들은 과학이 완전히 해결할 수 없는 물음들이다. 또한 이러한 물음들은 세속적인 우리의 삶에서도 항상 논의되기도 한다. 우리는 어떻게 고통을 경감하고 행복을 증진시켜야 할까? 그것은 가능한 것인가? 진정한 행복이란 무엇이며, 고통의 본질은 무엇일까? 그리고 삶의 의미는 무엇인가? 답을 찾기 어려운 이러한 심오한 질문들에 대해 종교는 이미 정리된 깊은 통찰의 내용을 제공하며, 영적 체험과 상징을 통해 이해시킨다.

p. 160 《종교와 세계관》, 니니안 스마트, 김윤성 옮김, 이학사, 2000.

13절
인류는 언제나 신과 함께했다.

신앙의 의미

오늘날 종교는 차별, 의견 충돌, 그리고 분열과 전쟁의 근원으로 여겨지기도 한다. 그러나 실제로 종교는 돈과 제국 다음으로 오랜 시간 동안 강력하게 인류를 통일시키는 매개체였다. 모든 사회 질서와 위계는 상상의 산물이기 때문에 모두 취약할 수밖에 없다. 사회가 커질수록 이러한 취약성은 더욱 두드러지게 마련이다. 역사에서 종교가 맡은 핵심적 역할은 이와 같은 취약한 사회적 구조에 초월적인 정당성을 부여하는 것이었다.

p. 298 《사피엔스》, 유발 하라리, 조현욱 옮김, 김영사, 2015.

14절

우리는 직장에서 일하며 오늘을 산다. 자존감의 산실이다.

일은 자신에 대한 규율과 정체성, 그리고 가치를 부여한다는 점에서 매우 중요한 역할을 한다. 또한 일은 우리의 시간을 조직하고 삶에 리듬을 부여한다. 매일 우리에게 해야 할 일들을 명확히 알려주는 것이다. 교육과 소득, 평화와 안전이 주어진다 해도, 유급노동이 일의 중심이 되는 문화에서 자발적으로 '일하지 않는 것'을 선택하는 것은 매우 어렵다. 아무런 일도 하지 않은 채로 매일을 만족감과 행복으로 채울 수 있을까? 대다수 사람들은 그것이 매우 어렵다는 사실을 쉽게 깨닫게 된다.

p. 25 《일의 발견》, 조안 B. 시울라, 안재진 옮김, 다우, 2005.

30세, 지금까지는 준비 과정이었다. 이제 스스로 살아보자.

15절

그리고, 시간은 빠르게 흐른다.

우리의 아이들은 어느새, 자란다.

새로운 장소에 처음 가거나 무언가를 새롭게 시작할 때, 시간은 넉넉하고 느리게 느껴진다. 다시 말해, 시간이 아주 넓고 풍부하게 흐르는 것처럼 느껴진다. 이런 느낌은 며칠 동안 지속된다. 그러다가 시간이 지나고 그 장소에 익숙해지기 시작하면, 시간이 점점 빠르게 지나가는 것처럼 느껴지기 시작한다.

특히, 삶에 쫓기거나 무엇인가에 집착하는 사람이라면, 하루하루가 점점 더 빠르게 지나가고, 시간이 마치 낙엽처럼 순식간에 사라져버리는 것을 보며 두려움을 느낄 것이다. 그리고는 약 한 달이 지나면, 시간이 너무 빠르게 지나가 버려 무서울 정도로 덧없다고 느껴질 것이다.

p. 310 《나이 들수록 왜 시간은 빨리 흐르는가》, 다우어 드라이스마, 김승욱 옮김, 에코리브르, 2005.

● 오늘 돈을 얼마나 벌었을까?

16절

돈은 기회이다.

창업의 기회

교육의 기회, 유학

돈은 인생에서 발생하는 여러 문제를 해결하는 데 큰 도움이 된다. 예를 들어, 갑자기 건강에 문제가 생겼을 때, 좋은 병원에서 더 나은 치료를 받을 수 있다. 또한, 돈이 있으면 다양한 사람들을 만나고 교류할 기회도 그만큼 많아진다.

돈이 있으면 멋진 장소로 여행을 갈 수도 있다. 해외 여행을 통해 새로운 문화를 체험할 수 있고, 돈이 있으면 자신이 좋아하는 취미나 활동에 더 많은 시간을 투자할 수도 있다. 음악을 좋아하는 사람이라면 고급 악기를 구입할 수도 있을 것이다.

돈은 자신감을 키우는 데도 큰 역할을 한다. 예를 들어, 경제적으로 안정되면 미래에 대한 불안이 줄어들고, 자신이 원하는 목표를 더 쉽게 이룰 수 있다는 자신감을 갖게 될 것이다. 경제적인 여유가 좋은 기회를 그만큼 더 많이 잡게 해주기 때문이다.

또한, 돈은 인생의 여러 가능성을 누리게 해준다. 예를 들어, 원하는 교육을 받거나 새로운 기술을 배우는 데 투자할 수 있다. 또한, 창업을 통해 자신의 아이디어를 실현하거나, 다양한 투자 기회를 통해 재산을 늘릴 수도 있을 것이다. 이처럼 돈은 인생을 더 풍요롭고 다채롭게 만드는 중요한 요소이다.

p. 38 《보도 섀퍼의 돈》, 보도 섀퍼, 이병서 옮김, 에포케, 2023.

3장

40세,

'함께하는 사회'에서, 나의 '삶'은 어때야 할까?

- 과학은 대부분 모른다.
- 너무도 우리와 닮아 놀라게 된다.
- 인류가 위대한 이유는 무엇일까?
- 모든 것은 없어지고, 나누고, 같이한 삶만이 남는다.
- 지나친 경쟁의 산물은 사라진다.

1절

시간, 공간이란 무엇일까?

우리는 현실이 과거에서 현재를 거쳐 미래로 흐르며, 생명은 과거와 미래 사이에서 불균형하게 발전한다고 생각해왔다. 하지만, 이처럼 익숙했던 구조는 이제 무너졌다. 실제로 시간은 매우 복잡한 현실의 단순한 근사치에 불과하다는 것이 밝혀졌다. 우주 전체에 공통된 현재는 존재하지 않는다. 모든 사건들이 과거-현재-미래의 순서로 일어나는 것이 아니라, 드넓은 우주의 아주 특정 부분에서만 이러한 순서가 나타난다. 우리 주변에서 느끼는 현재가 있지만, 멀리 떨어진 은하에서는 그것이 현재가 아닌 것이다. 즉, 현재는 우주적 개념이 아니라 단순히 지역적인 개념에 불과하다.

p. 199 《시간은 흐르지 않는다》, 카를로 로벨리, 이중원 옮김, ㈜쌤앤파커스, 2019.

● 과학은 대부분 모른다.

우주의 역사는 138억 년, 태양(계)의 역사는 46억 년.

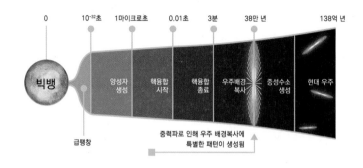

초기 우주 생성과정. 빅뱅 후, 급팽창 이론

보통 우주의 역사를 138억 년이라고 한다. 태양(계)의 역사는 46억 년 정도 됐다. 즉, 우주가 생겨나고 90억 년 정도가 지나서야 비로소 태양계가 생긴 셈이다.

3절

우주를 가로지르는 데는 137억 광년이라는 상상을 초월하는 시간이 필요하다.

전체 우주는 관측가능한 우주보다 훨씬 크다.

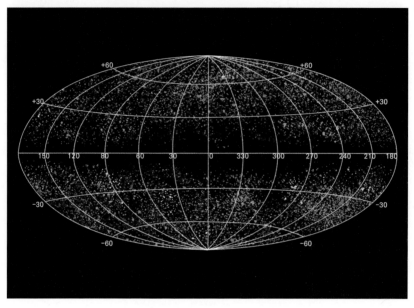

우리 은하 근처에 존재하는 은하들의 지도

태양계 < 우리 은하 < 국부 은하군 < '처녀자리' 초은하단 < '라니아케아' 초은하단

초당 300,000㎞라는 엄청난 빛의 속도라 할지라도, 우주를 가로지르는 데는 137억 (광)년이라는 상상을 초월하는 시간이 필요하다. '우리 은하'를 포함, 우주의 은하는 2조 개에 이른다.

● 과학은 대부분 모른다.

우리 은하를 가로지르는 데도 10만 광년이라는 천문학적인 시간이 필요하다.

우리 은하: 은하수 은하, Milky way galaxy

태양의 위치

케플러 우주망원경 관측 거리

초속 600km로 움직이는 중

행성 500억 개 중, 거주가능 영역은 5억 개

은하의 끄트머리, 지구가 있다. 우리의 태양은 나선 구조를 지닌 우리 은하의 나선팔 한쪽 변방에 위치하고 있다.

빛은 우주 공간을 초속 약 300,000㎞의 속도로 이동한다. 그러나 이처럼 상상을 초월하는 빛의 속도도, 우리 은하를 가로지르는 데는 100,000(광)년, 우리 은하의 바로 이웃 은하까지 이동하는 데는 179,000년이라는 천문학적인 시간이 필요하다.

5절

태양광이 지구에 도달하는 데 걸리는 시간은 8.4분.

우주는 어디로 가나 냉랭하고 텅 비어 있으며, 끝없는 밤으로 채워진 공간

사하라 사막의 은하수

지구는 우주에서 독특한, 특별한 장소라고 할 수 없다. 그렇다고 해서 우주 어디에서나 볼 수 있는 일반적인 장소도 아니다. 행성, 별, 은하 등을 일반적인 장소라고 부를 수 없는 이유는, 우주가 대부분 비어 있는 공간으로 이루어져 있기 때문이다. 우주에서 흔한 곳은 바로 그 광활하고 차가운, 어디를 가나 텅 비어 있고 끝없는 어둠으로 가득한 은하들 사이의 공간이다.

p. 38 《코스모스》, 칼 세이건, 홍승수 옮김, 사이언스북스, 2006.

태양으로 밝은 지구

빛의 속도는 초당 30만km이고 태양은 지구로부터 1억 4900만km 떨어져 있으므로, 태양광이 지구에 도달하는 데 걸리는 시간은 8.4분이다.

- 과학은 대부분 모른다.

과학은… 우리는 대부분 알지 못한다.

우주의 끝은 어디인가?

시간이란 무엇인가?

원자란 무엇인가?

블랙홀

뇌과학

암흑물질

공간이란 무엇인가?

사고(思考, thinking)는 물질인가?

우리가 말하는 소위, '정상과학'의 목표는 새로운 종류의 현상을 찾아내는 것이 아니다. 기존의 틀에 맞지 않는, 하지만 실제로 관찰되는, 현상들은 종종 전혀 인식되지 않는다. 과학자들은 새로운 이론을 만들어내는 것을 목표로 하지 않으며, 더욱이 다른 과학자들이 만든 이론도 쉽게 받아들이지 않는다. 대신, 정상과학의 연구는 이미 존재하는 패러다임이 제공한 현상과 이론을 더 명확하게 하는 데 중점을 둔다. 우리는 이러한 측면을 '과학의 결함'이라 부를 수도 있을 것이다. 정상과학이 탐구하는 영역은 매우 좁고, 이 과정에서 다루는 활동은 매우 제한된 시각을 가지기 때문이다.

p. 92 《과학혁명의 구조》, 토머스 쿤, 김명자·홍성욱 역, 까치글방, 1999.

7절

'과학적 한계'가 우리를 혼란스럽게 한다.

예언　　사후세계　　신(God)은 존재하는가?　　계시

신내림　　　　　　　　　　　　　　　　　　　　　궁합

무속인　　　　　　　　　　　　　　　　　　　　　관상
　　　　　　　　　　　　　　　　　　　　　　　　손금

영혼　　　　　　　　　　　　　　　　　　　　　　사주
귀신　　　　　　　　　　　　　　　　　　　　　　주역

　　　　　　　풍수지리　　초능력　　별자리　　기(氣)
타로(tarot)　　묘자리　　텔레파시　　운세　　조상님
　　　　　　　명당　　　점(占)　　윤회
태몽　　　　　수맥　　　　　　　　환생

예지몽(Foresight Dream)

꿈에서 보이는 이미지와 관련된 사건이 미래의 일일 가능성도 있다. 우리의 의식적인 생각이 종종 미래를 향하는 것처럼, 무의식과 꿈 역시 미래를 예측할 수 있다. 꿈이 미래를 예언할 수 있다는 믿음은 오랫동안 지속되어 왔다. 이미, 고대와 중세 시대에는 꿈이 병의 예후를 예측하는 역할을 한다고 여겨졌다.

p. 76《인간과 상징》, 칼 G. 융, 이윤기 옮김, 열린책들, 1996.

어느 날, 이순신 장군은 일본군을 물리칠 방법을 고민하다 잠이 들어 꿈을 꾸게 되었다. 꿈에서 그는 병사들에게 먹일 식량을 찾기 위해 먼 바다까지 갔으나 아무것도 찾지 못했다. 그러던 중 거대한 거북이 한 마리가 나타났고, 이를 잡으려 했으나 실패했다. 거북의 입에서는 불이 뿜어져 나오고 있었던 것이다. 이 무서운 광경을 본 후, 잠에서 깬 이순신 장군은 거북선을 만들어야겠다는 결심을 하게 된다.

p. 190《꿈은 알고 있다》, 디어더 배럿, 이덕남 옮김, 나무와 숲, 2003.

• 너무도 우리와 닮아 놀라게 된다.

나는 우주의 무기물로부터 왔으나, 스스로를 자아로 인식하고, 나와 타자를 구별하는 존재.

나, self란 무엇인가?

이상한 고리, Strange Loop

우리 자신은 무기물의 조합에 불과한 존재로 탄생했지만 스스로를 인식하는 '의식'이라는 것을 가지게 되었다. 우리 생각의 '창발현상'은 의식을 구성하는 요소들 간의 상호작용, 스스로를 반영하는 '이상한 고리(strange loop)'를 통해 풀이된다. 인간 뇌에서 발생하는 정신적 현상들, 관념, 희망, 이미지, 추론, 그리고 의식과 자유 의지와 같은 정신적 현상들은 의식적 요소들 간의 상호작용을 통해 형성된다. 다시 말해, 의식의 최상위 수준의 요소들이 최하위 수준에 영향을 주며, 그 반대도 성립하는 '이상한 고리'의 순환적 영향에 근거한다. 최상위 수준은 동시에 최하위 수준에 의해 형성되며, 서로 다른 수준 간의 자기 강화, '공명' 현상이 일어나는 것이다. 이는 괴델(Godel)과 헨킨(Henkin)의 수학적 증명 방식으로도 설명이 가능하다. 이렇게, 자아(the self)는 자신을 스스로 반영하는 능력을 획득한 순간에 탄생했다.

p. 979 《괴델, 에셔, 바흐: 영원한 황금 노끈》, 더글러스 호프스태터, 박여성·안병서 옮김, 까치글방, 2018.

9절

이성이란 스스로를 돌아 본다는 것.

이성이란 무엇인가?

스스로를 구성하는 인간

세상의 많은 장면을 보다 보면 첫 번째로, 나 스스로는 단순한 동물에 불과하다는 생각이 들 수 있다. 단지 동물은 잠시 생명을 가지고 있다가 결국 그 몸을 다시 자연에 돌려주는 것밖에는 없다. 하지만 두 번째 장면으로, 나는 지적인 존재가 된다. 나의 가치는 나의 인격으로 인해 크게 올라간다. 인격 덕분에 도덕 법칙은 동물적인 부분을 뛰어넘어, 더 나아가 모든 감성의 세상으로부터 독립된 삶을 나에게 열어 준다. 이는 도덕 법칙에 따라 이 세상의 조건과 한계에 얽매이지 않고, 끝없이 나아가는 나의 일관성 있는 삶이라고 볼 수 있다.

p. 331 《실천이성비판》, 임마누엘 칸트, 백종현 옮김, 아카넷, 2019.

84

- 너무도 우리와 닮아 놀라게 된다.

우주에서 지능을 가진 생명체는 우리 인간만이 유일할까?

외계인은 존재하는가?

나는 '존재한다'의 가정이 더 옳다고 본다. 우주의 저편에는 또 다른 지적생명체가 존재할 것이다.

헤아릴 수 없는 수많은 행성

광막한 우주, 이 많은 별들 중에서 생명이 존재하는 행성이 오직 우리의 태양 주위에만 있을 가능성은 얼마나 될까? 우주의 한 구석에 자리 잡은 우리가 어떻게 그런 특별한 행운을 가질 수 있었을까? 우리의 특별함을 생각하기보다는 차라리, 우주 곳곳에 생명이 가득할 것이라고 생각하는 편이 훨씬 더 합리적일 것이다.

p. 41 《코스모스》, 칼 세이건, 홍승수 옮김, 사이언스북스, 2006.

11절

우리 생명체 모두는 같은 곳에서 왔다.

Luca

(The last universal common ancestor)

분자 수준에서 일어나는 화학반응의 유사성을 통해, 지구상의 모든 생명체가 하나의 공통된 기원을 가지고 있다는 것을 알 수 있다. 나무, 인간, 물고기, 날아다니는 새들, 세균, 짚신벌레 등 지구의 모든 생명체를 거슬러 올라가면 하나의 공통된 조상으로부터 이어진다는 결론을 내릴 수 있다.

p. 93《코스모스》, 칼 세이건, 홍승수 옮김, 사이언스북스, 2006.

● 너무도 우리와 닮아 놀라게 된다.

서로 다름보다는, 닮음이 훨씬 많은 존재들이다.

광합성하는 바다양

폐호흡하는 물고기, Lungfish(폐어)

광합성하는 푸른민달팽이

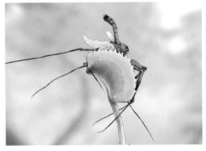

사냥하는 식충식물

꿀벌난초

잎사귀벌레

생명체 모두는 거대한 관계와 순환 속에 존재한다.

자연순환의 원리

만다라(Mandala)

산스크리트어로는 '본질'을 뜻한다.

사각형과 시작과 끝이 없는 원의 형태를 갖는 만다라는 끝없이 돌고 도는 윤회, 거부할 수 없는 생의 질서 등을 상징한다. 티베트 불교에서 만다라는 모래로 그려지는데 완성 후에는 무심하게 지워진다. 헛된 욕망은 공허하며 탐욕은 무의미하다는 것을 가르친다. 이는 속세의 모든 집착과 욕망을 끊어 낸다는 해탈의 의미가 담겨있다.

불교의 윤회

- 너무도 우리와 닮아 놀라게 된다.

그리고, 내 몸은 또 다른 생명의 일부가 될 것이다.

언젠가 내 몸은 또 다른 생명의 일부가 된다.

티벳 천장

40세, '함께하는 사회'에서, 나의 '삶'은 어때야 할까?

15절

우리는 무한 반복, 회귀 속에 존재한다.

나는 오늘, 과거 누군가의 삶을 살고 있다.

영원 회귀

모든 것은 떠나고 모든 것은 돌아온다. 존재의 수레바퀴는 영원히 회전한다. 모든 것은 사라지고 모든 것은 다시 피어난다. 존재의 태양은 영원히 달린다. 모든 것은 무너지고 모든 것은 새롭게 형성된다. 존재의 집은 영원히 동일하게 다시 세워진다. 모든 것은 멀어지고 모든 것은 다시 만나게 된다. 존재의 순환은 영원히 계속된다. 모든 순간에 존재는 시작된다. '여기'를 둘러싼 '저기'라는 공이 굴러간다. 중심은 어디에나 있다.

p. 219 《짜라투스트라는 이렇게 말했다》, 프리드리히 니체, 백문영 옮김, 혜원출판사, 1996.

- 너무도 우리와 닮아 놀라게 된다.

16절

우리 자신은 자연의 무기물이 잠시 동안 결합된 혼합물이다.

우리는 거대한 관계와 순환 속에 존재한다.

동물과 식물이 서로가 배출하는 것을 다시 흡수하다니, 이 얼마나 놀라운 협력인가? 물질은 순환하여 동물과 식물 사이를 영원히 떠돈다. 이는 지구 차원에서 이루어지는 구강과 기공 사이의 인공호흡과도 같은 것이다. 그리고 이 거대한 순환 작용의 모든 원동력이 무려 1억 5천만 킬로미터 떨어진 태양에서 오는 빛이라니! 자연의 협력은 정말로 경이롭다.

p. 87 《코스모스》, 칼 세이건, 홍승수 옮김, 사이언스북스, 2006.

17절

우주와 나, 인간은 하나이다.

우리 자신은 우주의 일부이다. 이는 단순한 수사적 표현이 아니다. 인간과 우주는 가장 근본적인 차원에서 연결되어 있다. 달의 움직임과 지구의 공전 주기를 반영한 우리 몸의 생리현상을 떠올려 보기만 하더라도 쉽게 짐작이 가능하다. 인류는 우주에서 태어났고, 우리의 미래 역시 우주와 깊이 연관되어 있다. 인류 진화의 역사 속에서 발생한 중요한 사건들뿐 아니라 사소한 일들까지도 모두 우리를 둘러싼 우주의 기원에 뿌리를 두고 있다.

p. 22 《코스모스》, 칼 세이건, 홍승수 옮김, 사이언스북스, 2006.

자연과 인간은 하나이다.

● 너무도 우리와 닮아 놀라게 된다.

18절

생명체 모두의 유사함을 쉽게 알 수 있다.

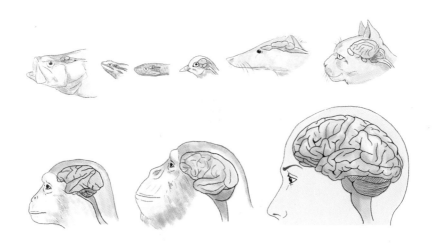

척추동물의 뇌

다름보다는, 서로 닮은 존재들이다.

우리는 주위의 수많은 '작은 영혼'들과 함께한다.

정신은 물질인가?

분명 무언가를 생각하고 있다. '작은 영혼'임에 틀림없다.

정신활동은 인간에게만 국한되지 않는다.

인간을 포함한 유기체의 내부 작동 메커니즘을 연구하는 과학자들은 아직까지 정신활동에서 어떠한 '영혼'적 측면도 발견하지 못했다. 최근 몇 년간, 인간의 행동은 자유의지가 아닌 호르몬, 신경전달물질, 유전자, 시냅스 등의 생리적 요소에 의해 결정된다고 주장하는 과학자들이 점점 늘고 있다. 이러한 주장에 따르면 침팬지, 늑대, 개미와 같은 동물의 행동을 결정하는 기본적인 정신 메커니즘은 우리와 같은 것이다.

p. 335 《사피엔스》, 유발 하라리, 조현욱 옮김, 김영사, 2015.

- 너무도 우리와 닮아 놀라게 된다.

너무도 닮았음에 놀라게 된다.

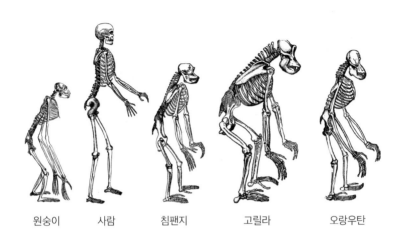

원숭이   사람   침팬지   고릴라   오랑우탄

우리는 특별한 생명체가 아니다.

뇌의 구조와 사고의 구조는 같다.

뇌의 구조

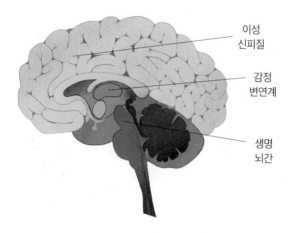

이성
신피질

감정
변연계

생명
뇌간

의식의 구조

생명 → 감정 → 이성

명상(Meditation)

뇌활동을 의도적으로 의식의 하부구조로 이끄는 사고행위

● 너무도 우리와 닮아 놀라게 된다.

영장류의 사고 체계는 우리와 유사하다.

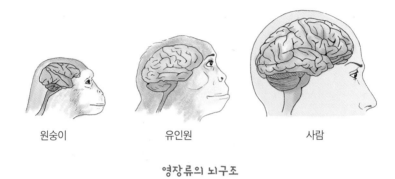

원숭이   유인원   사람

영장류의 뇌구조

23절

인류가 걸어온 자연 극복의 역사는 자연파괴의 과정이었다.

● 인류가 위대한 이유는 무엇일까?

자연과 맞서며 형성된 '자아'를 가진 우리는 본질적으로 파괴적이다.

언제나 우리는 욕망으로 가득하다.

욕망의 피라미드

자아실현의 욕구

존경의 욕구

사회적 욕구

안전의 욕구

생리적 욕구

매슬로의 욕구단계론

인간은 끊임없이 욕망하는 존재로서, 일시적으로 완벽히 만족하는 순간이 거의 없다고 할 수 있다. 한 가지 욕망이 충족되면 다음 욕망이 자리를 차지하는 것이 인간의 본성이다. 한 욕망이 만족되어도 그 순간은 오래 지속되지 않고 또 새로운 욕망이 곧 등장한다. 결국 인간은 평생 동안 끊임없이 무엇인가를 갈망한다.

p. 22 《매슬로의 동기이론》, 에이브러햄 매슬로, 소슬기 옮김, 유엑스리뷰, 2018.

인간 스스로 갖는, 태생적 한계에 도전함으로 우리는 더욱 위대하다 할 것이다.

- 타고난 공격성의 극복
- 파괴적 본성의 극복
- 이기성의 한계에 도전
- 공간의 한계를 넘어서
- 이성적 한계에 도전
- 허무, 무의미, 신앙을 통한 극복(사랑과 해탈)
- 회귀적 삶에서 탈피, 진보에 도전

인간은 유전자의 기계로서 태어났고, 사회적 문화 현상인 "밈"의 영향을 받으며 성장했다. 그러나 우리에겐 창조주에 맞설 수 있는 힘이 있다. 이 지구에서는 인간만이 이기적인 자기 복제자의 통제에서 벗어날 수 있는 유일한 존재이다.

p. 378 《이기적 유전자》, 리처드 도킨스, 홍영남·이상임 옮김, 을유문화사, 1993.

● 인류가 위대한 이유는 무엇일까?

26절

우리는 끊임없이, 무의미와 죽음의 우주를 의미로 물들인다.

우주가 어둠, 허무함이 자연스러운 곳이라면 삶에서 의미를 찾으려는 인간
은 더욱 위대할 것이다.

- 사랑
- 박애정신
- 정의
- 평등
- 사랑과 해탈

그것은 위대한 도전이다.

27절

무색의 우주에서 궁극의 아름다움을 찾다.

〈생각하는 사람〉
오귀스트 로댕

〈우는 여인〉
파블로 피카소

● 인류가 위대한 이유는 무엇일까?

28절

무의미의 우주에서 의미를 기리다.

Ceremony

영원을 꿈꾸다.

현충일

이제 인생을 즐겨보자.
리우, 카니발

회귀적 삶의 순리를 스스로 극복하다.

인류의 삶은 변화한다.

지식의 축적

역사적 경험

우주의 자연순환, 회귀적 삶의 순리를 거역한다.

● 인류가 위대한 이유는 무엇일까?

30절

고도화된 지적활동은 자체로 위대하다.

칸트   셰익스피어   톨스토이

니체   뉴턴   다윈

이미 잘 알려진 개념들의 의미를 재검토해야 하는 필요성이 아인슈타인의 이론에 의해 제기된다. 뉴턴에서 아인슈타인으로의 변화는 지구 중심 이론에서 태양 중심 이론으로의 변화보다도 더 미묘하지만, 이 변화는 그 어떤 것보다도 기존의 과학적 패러다임을 결정적으로 무너지게 한다. 이는 과학사에서 혁명적인 재정렬의 전형적인 사례로 볼 수 있다. 뉴턴에서 아인슈타인의 역학으로의 이 전환은 새로운 개념을 도입하지 않았지만, 과학자들이 세상을 바라보는 방식을 근본적으로 변화시킨 것으로, 과학혁명의 대표적인 예시임을 명확히 보여준다.

p. 198 《과학혁명의 구조》, 토머스 쿤, 김명자·홍성욱 역, 까치글방, 1999.

105

40세, '함께하는 사회'에서, 나의 '삶'은 어때야 할까?

야성에 세련미를 더하다.

페어플레이

올림픽 정신

야성(wild nature)

자연 또는 본능 그대로의 거친 성질.

● 인류가 위대한 이유는 무엇일까?

사랑과 초월, 죽음에 도전하다.

불평등의 우주에서 정의를 말하다.

평등   공평   디케의 저울

선천적 재능이나 사회적 여건의 우연성 때문에 제도적 질서가 항상 결함이 있다는 주장을 우리는 거부해야 한다. 부정의는 반드시 인간의 판단과 조정을 필요로 한다. 자연의 분배 방식은 정당성이나 부당성을 갖지 않는다. 인간이 특정 사회적 위치에서 태어나는 것도 부당하지 않다. 그것은 단지 자연적인 사실일 뿐이다. 오히려, 정의와 부정의는 제도가 이러한 사실들을 다루는 방식에서 비롯된다. 롤스는 우리가 이러한 사실들을 다룰 때 서로의 운명을 공유하며, 공동의 이익을 위해 우연히 주어진 선천적이고 사회적인 조건을 활용하자고 제안한다.

p. 247 《정의란 무엇인가》, 마이클 샌델, 김명철 옮김, 미래엔, 2014.

34절

사피엔스, 자신 스스로를 찾아서, 휴머니즘.

〈아테네 학당〉 라파엘로

Humanism

르네상스

프랑스 역사학자 쥘 미슐레는 '르네상스'라는 용어로 번역하였고, 스위스의 역사학자 야코프 부르크하르트가 1860년에 이를 명확하게 정의했다. 부르크하르트는 인문주의자들이, 신이 모든 것의 중심인 그리스도교의 신본주의적 세계관에서 벗어나 과거 인간이 모든 것의 척도였던 고대 그리스와 로마 시대로 회귀하려는 운동을 의미하는 '인본주의(Humanism)'라고 해석했다.

나무위키 namu.wiki/

35절

경쟁 너머의 가치

허무를 넘어서는 도전

나는 많은 축복을 받았다. 자비를 베풀고 성공을 거둘 수 있는 활동에 헌신하며, 사람들로부터 많은 사랑과 친절을 경험했다. 내 일을 도와주는 충실한 조력자들이 있고 그들은 마치 자신의 일을 하는 듯하다. 건강한 상태에서 가장 큰 도전도 이겨냈고, 마음의 평정을 유지하며 조용히 생각하고 움직일 수 있는 정력이 남아있다. 내게 주어진 모든 행복을 감사히 받아들이며, 이에 대한 보답으로 감사의 희생을 바쳐야 한다고 생각한다.

p. 218 《나의 생애와 사상(물과 원시림 사이에서)》, A. 슈바이처, 지경자 옮김, 홍신문화사, 1990.

우리는 우리를 만든 이기적인 유전자에 맞서거나, 필요하다면 우리를 형성한 이기적인 밈에 반항할 힘을 가지고 있다. 순수하고 사리사욕 없는 이타주의는 자연계에서 흔하지 않으며, 세계 역사에서도 그 예를 찾기 어렵다. 그러나 우리는 이를 의식적으로 육성하고 교육하는 방법에 대해 논할 수 있다.

p. 378 《이기적 유전자》, 리처드 도킨스, 홍영남·이상임 옮김, 을유문화사, 1993.

● 인류가 위대한 이유는 무엇일까?

함께하는 사회.

작고도 위대하다.

공원에 쓰레기가 많다고 얼굴이 찌푸려진다면, 그것은 본인 스스로가 그것
을 줍지 않았기 때문임을 알아야 한다.

37절

민주주의, 공존으로의 도전.

민주주의(Democracy)

무엇보다도 먼저 유권자와 입법권자 자신의 몫이 있다. 유권자와 의회는 사기꾼과 협잡꾼의 달콤한 제안에 현혹되지 않을 정도로 높은 지적 및 도덕적 수준을 가져야 한다. 또한, 사기꾼과 협잡꾼의 수법에 흔들리지 않아야 한다. 만약 다른 사람들의 주장이나 국가적 상황을 고려하지 않은 법안이 통과된다면, 민주주의에 대한 신뢰와 충성심이 훼손될 것이다. 또한, 입법적 개혁이나 행정 조치를 위한 개별 법안들은 일정 수준에서 제한되어야 한다. 비유하자면, 빵을 배급받기 위해 질서 있게 줄을 서는 것을 돕는 정도에 그쳐야 하며, 직접 빵을 나눠주는 역할까지 하려 해서는 안 된다.

p. 411 《자본주의 사회주의 민주주의》, 요제프 슘페터, 이종인 옮김, 북길드, 2016.

● 인류가 위대한 이유는 무엇일까?

공격적 본성의 극복.

통일

평화협정   휴전

제네바 협약(Geneva Conventions on War)

본성(Nature)

사람이 본래 가지고 태어난 성질.

113

인류 지성에의 도전, AI(Artificial Intelligence).

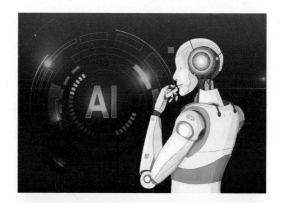

ChatGPT(Generative Pre-trained Transformer)

미드저니(Midjourney)

● 인류가 위대한 이유는 무엇일까?

'파괴적 본성'에 대한 도전.

환경보전 운동의 시작.

세계기후협약(UNFCCC, United Nations Framework Convention Climate Change)

공간(Space) 극복에의 도전.

태생적 한계를 넘어서

- 모든 것은 없어지고, 나누고, 같이한 삶만이 남는다.

42절

우리는 소비하고 소유함으로써 자신의 존재를 확인한다.

우리는 나를 중심에 두고, 기본적으로 이기적 사고를 한다.

소비자는 여러 가지 상품 선택을 통해 자신의 개성을 표현한다. 우리는 놀이하는 아이에게서 우리를 본다. 아이와 그 모습 사이에 특별한 관계가 있고, 상관관계가 되는 그 기호들 사이에 모순은 없다. 아이의 모습과 같이, 소비자는 자신이 가진 여러 모델과 그 선택 방식을 통해 자신을 정의한다. 이런 의미에서 소비는 놀이처럼 즐거운 것이며, 소비의 즐거움이 자기 인식의 비극으로 바뀌었다고 할 수 있다.

p. 327 《소비의 사회》, 장 보드리야르, 이상률 옮김, 문예출판사, 2015.

43절

우리는 풍요 속에 있고, 함께하기에 가능했다.

● 모든 것은 없어지고, 나누고, 같이한 삶만이 남는다.

존재는 관계이다.

의미는 관계에서 시작한다. 어떤 의미가 전달된다는 것은 그 논술의 첫 번째 실마리였던 존재자와의 직접적 관련은 없다. 차라리 사람들이 함께 이야기하고 그 이야기 내용에 관심을 가지면서 이루어진다. 즉, 이제 말하여진다는 것에 의해, 예를 들어 격언이나 금언이, 논술과 그 내용이 진짜 맞는지를 보증하게 되는 것이다. 따라서, 논술의 진위보다도 중요한 것은 무엇이 논의되고 있는지가 된다. 논술은 첫 번째 존재자와의 관계를 잃었거나 얻은 적이 없어서, 논술이 스스로를 나누고 전달하는 것은 '많이 이야기하고 번갈아 이야기한다'는 방법으로 이루어진다. 이렇게 해서 이야기된 내용은 더 넓게 퍼지고 권위를 가지게 된다.

p. 233 《존재와 시간》, 마르틴 하이데거, 전양범 옮김, 시간과 공간사, 1992.

행복은 공감이다.

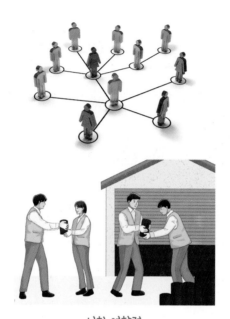

선한 영향력

우리 자신은 오랜 공동체 생활의 결과물이다.

우리가 타인과 하나가 되고 싶어 하는 욕망은 고귀한 행동 양식인 이상이나 신념에 기반한 연대감뿐만 아니라, 파괴나 가학행위 같은 저급한 행동으로도 나타난다. 이 욕구는 집단에 적응하고자 하는 동력의 원천이기도 하다. 외부인으로 느껴지는 것에 대한 두려움은 죽음에 대한 두려움보다 클 수 있다. 어떤 사회에서 중요한 것은 그 사회가 어떤 종류의 일체감과 연대감을 형성하고 있으며, 그 사회경제적 구조 안에서 이를 어떻게 지원할 수 있는 가이다.

p. 153 《소유냐 존재냐》, 에리히 프롬, 차경아 옮김, 까치글방, 1996.

● 모든 것은 없어지고, 나누고, 같이한 삶만이 남는다.

자연인인가? 도피인인가?

"같이 먹으니까, 더 맛있네요!"

오늘, 만나서 행복하다.

도피(Escape): 몸을 사려 빠져나가다.

47절

함께하기에 오늘을 산다.

- 모든 것은 없어지고, 나누고, 같이한 삶만이 남는다.

주위를 둘러보자. 따뜻함이 곁에 있다.

자살률 1위

인류 사회는 언제나 "함께하였기에" 오늘날에 이르렀다.

49절

세상에는 아름답고 따뜻한 것이 훨씬 더 많다.

● 모든 것은 없어지고, 나누고, 같이한 삶만이 남는다.

50절

나를 위해 사는 삶은 남지 않는다. 남을 위해 사는 삶만이 남는다.

내가 세상에 남길 기억들

나의 고민은 누군가의 유용함이 될 것이다.

"내가 나를 위해서 살면 남는 게 없다". "가장 행복한 사람은 많은 사람이 행복하게 살 수 있도록 사랑을 베푼 사람".

Youtube [특별강연] 백년을 살아보니, 연세대 명예교수 김형석.

극한 경쟁의 산물들, 지속가능한 것인가?

모두 경쟁, 서열 정하기 프로그램으로 바뀌었어요!

스스로, 그 익숙함에 다시 한번 놀란다.

감성의 서열

흑백요리사

BTS   오징어 게임

강남 스타일   기생충

앞서가는, 세계적인 문화라 자부할 수 있는가?

무한 경쟁의 산물이다.

● 지나친 경쟁의 산물은 사라진다.

'똑똑한 사람'은 만들 수 있으나, '위대한 인물'은 키워내지 못한다.

위대함 vs. 스마트함

넬슨 만델라는 "한 사회가 아이들을 다루는 방식보다, 그 사회의 영혼을 더 정확하게 드러내 보여주는 것은 없다."라고 했다. 경쟁교육은 야만이다. 이 제 우리는 야만적 폭군으로부터 우리 아이들을 구출해야 한다. 그래야 우리 의 아이들, 교사, 학부모가 행복해질 수 있다.

p. 17 《경쟁교육은 야만이다》, 김누리, 해냄출판사, 2024.

53절

추모에 인색한 사회.

이태원 참사

학교 폭력

아동학대

무한경쟁

세월호

128

● 지나친 경쟁의 산물은 사라진다.

공감과 진정한 위로가 없는 사회, 저출산의 늪에 빠지다.

출산율 0.77

서로 간의 공감과 연대가 부족하면 개인적인 가치나 목표가 강조되고, 집단적인 가치나 목표에 대한 관심이 상대적으로 낮아진다.

55절

출산 거부, 오늘은 편할지 모르지만,
언젠가 공허함이 당신의 옆자리를 채울 것이다.

혼자인 나

밈과 유전자는 종종 서로를 보강하지만 때로는 대립하기도 한다. 예를 들어 독신주의는 유전적으로 전달되지 않는다. 특수한 경우의 사회성이 강화된 곤충을 제외하면, 독신주의를 유발하는 유전자는 종종 자연선택에서 탈락한다. 이것은 당연한 진화론적 결과이고 우리의 자연적 본성이라 할 수 있다. 그러나 여전히 독신주의의 밈은 사회에서 성공할 수 있는 가능성이 있다.

p. 374 《이기적 유전자》, 리처드 도킨스, 홍영남·이상임 옮김, 을유문화사, 1993.

- 지나친 경쟁의 산물은 사라진다.

인류는 외로움을 극복하지 못했다.

외로움(Loneliness)

사회적 동물인 인간이 타인과 소통하지 못하고 격리되었을 때 느낀다.

40세, '함께하는 사회'에서, 나의 '삶'은 어때야 할까?

57절

부모보다는 자녀에게 마음이 먼저 간다.

사랑의 가족

우리는 오랜 시간 반복되어 이어졌던 재생산의 결과물이다.

4장

50세,

어느새, 벌써 사랑하는 이의 죽음과
마주할 나이가 되었구나.
다시 한번, 삶의 의미를 되새겨 본다.

- 오늘의 풍요를 우리는 알지 못한다.
- 나의 삶을 아름다운 예술품으로 완성하겠다.
- 우리는 모두 아름답게 빛나는 별들이다.
- 죽은 후, 남기는 것에 대한 열망이 우리의 가슴속에 있다.
- 예수님은 사랑, 부처님은 윤회로 긍정의 마침표를 찍었다.

50세, 어느새, 벌써 사랑하는 이의 죽음과 마주할 나이가 되었구나. 다시 한번, 삶의 의미를 되새겨 본다.

우리는 오늘 얼마나 풍요로웠던가.

먹잇감, 그들은 우리와 닮음이 훨씬 많은 존재들이다.

- 오늘의 풍요를 우리는 알지 못한다.

하지만, 우리는 깨닫지 못한다.

우리는 언제나 비교한다.

4장 50세, 어느새, 벌써 사랑하는 이의 죽음과 마주할 나이가 되었구나.
다시 한번, 삶의 의미를 되새겨 본다.

오늘의 풍요는 당연한 것이 아니다.

우리가 당연히 여기는, 오늘날 우리가 누리고 있는, 필수 의식주를 해결키
위해 인류는 얼마나 오랜 시간과 노력이 필요했던가.

• 오늘의 풍요를 우리는 알지 못한다.

4절

"경제가 좋다?" 최대한 많이 만들어, 많이 쓰고, 태우고, 많이 버리는 것.

이미 많지만, 우리는 더 많은 것을 바란다.

50세, 어느새, 벌써 사랑하는 이의 죽음과 마주할 나이가 되었구나.
다시 한번, 삶의 의미를 되새겨 본다.

지구 대기권에 80억 명. 우리 삶의 공간은 그리 넓지 않다.

1인당 육지 면적: 축구장 3.78개
세계 인구: 80억 명

대기권, 제한된 공간

지구 표면, 1인당 육지 면적은 축구장 3.78개에 해당한다. 하지만, 전체 육지 중, 거주 가능한 부분은 대략 30에서 40퍼센트 정도에 불과하다.

- 오늘의 풍요를 우리는 알지 못한다.

우리는 얼마나 많은 것을 소비하는가?

4장

50세, 어느새, 벌써 사랑하는 이의 죽음과 마주할 나이가 되었구나.
다시 한번, 삶의 의미를 되새겨 본다.

7절

우리의 먹잇감, 사육되는 생명들.

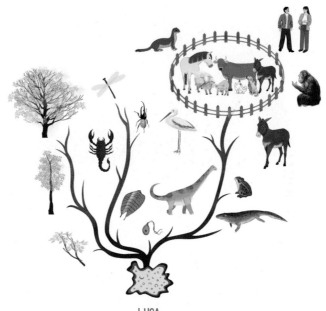

LUCA
(last universal common ancestor)

하지만, 우리는 같은 곳에서 왔다.

• 오늘의 풍요를 우리는 알지 못한다.

우유는 어떻게 만들어지나?

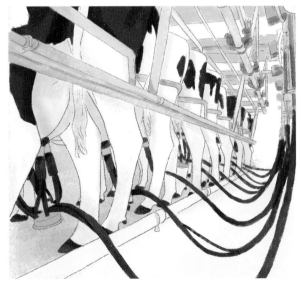

끊임없이 임신 상태를 유지시킨다.

4장 50세, 어느새, 벌써 사랑하는 이의 죽음과 마주할 나이가 되었구나.
다시 한번, 삶의 의미를 되새겨 본다.

9절

돼지고기는 어떻게 만들어지나?

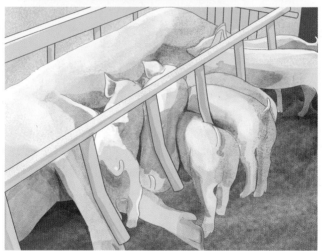

강요된 번식.

● 오늘의 풍요를 우리는 알지 못한다.

닭고기는 어떻게 만들어지나?

갇힌 공간에서의 삶.

50세, 어느새, 벌써 사랑하는 이의 죽음과 마주할 나이가 되었구나.
다시 한번, 삶의 의미를 되새겨 본다.

11절

환경은 우리를 지배한다.

지구의 환경은 우리의 운명과 같이할 것이다.

인류의 태생적 한계

우리는 자연에서 왔다.

인류는 지금까지 모든 전 지구적 장애물들을 하나하나 무자비하게 정복하
며 급진적으로 전진해 왔다. 생태계의 모든 구석구석을 정복하고 착취한 인
류는 이제 역사적인 전환점에 서 있다. 지구의 식민지화가 그 대가를 요구
하기 시작한 것이다. 에너지 소비가 계속 증가함에 따라 세계의 에너지는
빠르게 고갈되었고, 무질서 속에서 폐기물이 계속해서 쌓였다. 이제 인류의
유일한 생존의 희망은 지구를 공격하는 것을 멈추고 자연과 조화를 이루는
방향에서 해답을 찾는 것이다.

p. 328《엔트로피》, 제레미 리프킨, 이창희 옮김, 세종연구원, 2000.

- 오늘의 풍요를 우리는 알지 못한다.

우리는 지구의 주인이 아니다.

'자연 정복'의 위대함은 '환경 파괴'의 역사

50세, 어느새, 벌써 사랑하는 이의 죽음과 마주할 나이가 되었구나.
다시 한번, 삶의 의미를 되새겨 본다.

13절

스스로의 파괴적 본성을 거슬러, 환경보전에 도전하는 인간은 더욱 위대하다.

인류 역사는 자연 정복, '환경 파괴의 역사'이며 진화의 역사이다. 우리의 속성이고 유전자인 것이다.

결국 우리는 지구라는 특정 지역에서 발생한 물질 진화의 결과물이다. 150억 년이라는 긴 세월을 거쳐 물질은 결국 의식을 얻게 되었다. 그 의식의 산물인 지능은 인간에게 뛰어난 능력을 부여했다. 인간이 자기 파멸의 위험에서 벗어날 수 있는 지혜를 갖추었는지, 또는 자기 꾀에 넘어갈지는, 현재로서 확신할 수 없지만 많은 이들이 이러한 파국을 피하려고 열심히 노력하고 있다.

p. 577 《코스모스》, 칼 세이건, 홍승수 옮김, 사이언스북스, 2006.

● 나의 삶을 아름다운 예술품으로 완성하겠다.

불가능의 확률로 우리는 태어났다.

일반적으로 생명의 기원에 대한 주장은 생명이 우연히 형성되는 희박한 가능성에 초점을 맞추고 있다. 프레드 호일(Fred Hoyle)은 가장 간단한 세포가 형성될 확률을 대략 10의 40,000승의 1로 계산했다. 그는 이 확률을 폐차장에 쌓인 고철덩어리가 토네이도에 의해 공중에 던져지고, 그 안에서 재조립될 가능성과 비교했다.

(사)교과서진화론개정추진회, https://www.str.or.kr/

50세, 어느새, 벌써 사랑하는 이의 죽음과 마주할 나이가 되었구나.
다시 한번, 삶의 의미를 되새겨 본다.

15절

죽음과 어두움이 자연스러운 우주. 본질은 무의미.

우주는 대부분 암흑의 지대

빛으로 밝은 곳은 많지 않다.

- 나의 삶을 아름다운 예술품으로 완성하겠다.

찰나의 순간, 의미 없는 물질은 유기물을 이루게 되었다.
수많은 생명체의 거대한 '춤의 향연'이 지구에서 벌어진 것이다.

무의미의 우주, 생명이 그 의미를 불어넣는다.

지구! 생명체의 축제가 벌어졌다.

그리고 언제까지 지속될지는 아무도 모른다.

50세, 어느새, 벌써 사랑하는 이의 죽음과 마주할 나이가 되었구나.
다시 한번, 삶의 의미를 되새겨 본다.

17절

나는 오늘 무엇을 위해, 무엇을 원하며 살고 있나?

돈

명예

권력

● 나의 삶을 아름다운 예술품으로 완성하겠다.

18절

우리는 욕망과 두려움 속에 오늘을 산다.

나의 묘비명은 어떻게 될까?

돈

죽음

나는 아무것도 바라지 않는다. 나는 아무것도 두려워하지 않는다. 나는 자유이므로……

p. 499 《그리스인 조르바》, 니코스 카잔차키스, 이윤기 옮김, 열린책들, 2000.

4장

50세, 어느새, 벌써 사랑하는 이의 죽음과 마주할 나이가 되었구나. 다시 한번, 삶의 의미를 되새겨 본다.

19절

삶의 목적은 무엇인가?

자기배려(Epimeleia heautou)   자아실현

개성화(individuation)

말하자면, 개인의 내부 고유성 uniqueness를 실현하는 것이 개성화의 목표이다. 관점에 따라 차이가 있을 수 있지만, 이 과정은 인간에게, 그리고 다른 동물에게도, 무의식적으로 자리 잡고 진행되는 것으로 볼 수 있다. 이는 인간이 자신의 내적 본성을 개발하는 과정 중 하나이기도 하다. 그러나 엄밀히 말하면, 개성화는 개인이 스스로 그것을 인식하고, 의식적으로 삶 속에서 관계를 맺고 있을 때에만 진정한 의미를 갖는다.

p. 162 《인간과 상징》, 칼 G. 융, 이윤기 옮김, 열린책들, 1996.

소확행   힐링

워라밸

"성공"   쾌락

우리는 원해서 태어나지 않았다. 하지만...

154

● 나의 삶을 아름다운 예술품으로 완성하겠다.

삶의 목적에는 조건이 있다.

조화, 자연과의...

공존, 다른 이와...

4장

50세, 어느새, 벌써 사랑하는 이의 죽음과 마주할 나이가 되었구나.
다시 한번, 삶의 의미를 되새겨 본다.

21절

행복이란 무엇인가?

삶이란 끝없는 깨우침으로 거슬러 오르는 것.

깨달음

삶의 의미

고독은 행복이다.

통찰

몰입 Flow

고통과 욕망

"처음으로 그 샘물을 마신 젊은이는 마치 지혜의 영감을 얻은 것처럼 기뻐하며 그 기쁨에 취한다. 그는 어떤 이야기든 그 속에 담긴 사상을 통합하고 나서는 그것을 다시 세밀하게 분해한다. 이 과정에서 그는 먼저 자기 자신에게 수수께끼와 같은 문제를 제기하게 된다. 그리고는 다른 사람들, 남녀노소를 불문하고 자기 근처에 있는 모든 이에게 그와 같은 문제를 던져 그들을 괴롭히게 될 것이다. 부모도 예외는 아니다. 그의 말에 귀 기울이는 사람이라면 누구나 그의 대상이 될 수 있다..." 이 구절은 2400년이 넘는 세월 동안 전해져 왔지만, 아무도 인간이 처음으로 정신의 플로우(Flow)를 경험했을 때 느끼는 기쁨을 이렇게 생생하게 표현하지는 못했다.

p. 257 《몰입, FLOW: 미치도록 행복한 나를 만난다》, 미하이 칙센트미하이, 최인수 옮김, 한울림, 2018.

• 나의 삶을 아름다운 예술품으로 완성하겠다.

나의 삶을 '아름다운 예술품'으로 완성하겠다.

삶의 완성을 향해, 오늘을 산다.

자기배려(Epimeleia Heautou)

고대 사람들에게 있어서 중요한 문제는 자신을 이해하는 것이 아니라, 현재 자신이 처한 환경이나 조건들을, 삶이라는 예술 작품의 재료로 삼는 것이었다. 즉, 자기인식이 첫 번째 출발점이라 할 수 있는 오늘날의 '개성화 과정'이나 '자아실현'의 개념과는 차이가 있었다. p. 25.

자신의 삶을 기술(tekhnê)의 대상으로 삼는 것은 결국 자신의 삶을 아름다운 예술 작품으로 만드는 작업을 전제로 한다. 이는 기술(tekhnê)을 사용하는 사람의 자유와 스스로의 선택에 의해 결정되어야만 한다. 만약 어떤 기술이 삶의 매 순간마다 따라야 하는 규칙들의 모음집이라면, 더더욱 그러할 것이다. 아름다운 작품을 만들기 위해 각자, 스스로의 욕망과 목적에 따라 기술(tekhnê)을 사용하겠지만, 항상 언제나 자유의지에 의해서만 생의 완성은 가능하다. p. 449.

《주체의 해석학》, 미셸 푸코, 심세광 옮김, 동문선, 2007.

테크네(Techne)

고대 철학 용어로, 기술, 능숙함 혹은 예술을 의미한다.

157

50세. 어느새, 벌써 사랑하는 이의 죽음과 마주할 나이가 되었구나. 다시 한번, 삶의 의미를 되새겨 본다.

23절

스스로 큰 바위 얼굴을 꿈꾸어 본다.

언젠가, 수많은 젊은이에게 큰 바위 얼굴의 표상이 되는 삶을 완성해보겠다.

월출산 큰 바위 얼굴

그는 그 존엄한 사람을 바라보며 "저 온화하고 다정하며 사려 깊은 얼굴이 정말 예언자와 성자 같다"고 혼자 중얼거렸다. 한참 멀리서 넘어가는 황금빛 속에서 고고하게 솟아 있는 큰 바위 얼굴의 모습이 선명하게 보였다. 그 얼굴을 감싸는 안개는 어니스트의 이마 위로 내려와 백발이 되었다. 그 장엄한 자비의 얼굴은 마치 온 세상을 포용하는 듯했다.

p. 93 《큰 바위 얼굴》, 너새니얼 호손, 이종인 옮김, 가지않은길, 2013.

성장의 끄트머리에서 우리는 누구나 '함께하는 삶'의 과제와 만나게 된다.

● 우리는 모두 아름답게 빛나는 별들이다.

24절

인생의 가치는 참으로 많다. 위대하지 않아도 좋다.

나를 빛나게 하는 것은 있다.

나만의 가치를 찾아보자.

50세, 어느새, 벌써 사랑하는 이의 죽음과 마주할 나이가 되었구나.
다시 한번, 삶의 의미를 되새겨 본다.

25절

오늘 하루는 위대했습니다.

누군가는 따뜻한 겨울을 보낼 것이다.

• 우리는 모두 아름답게 빛나는 별들이다.

살아냈다는 것만으로도 위대했다.

오늘을 살아냈다.

4장

50세, 어느새, 벌써 사랑하는 이의 죽음과 마주할 나이가 되었구나.
다시 한번, 삶의 의미를 되새겨 본다.

27절

모두, 아름답게 빛나는 별이다.

요란하지 않게, 조용히 빛나고있다.

음식으로, 누군가는 건강을 되찾을 것이다.

- 우리는 모두 아름답게 빛나는 별들이다.

28절

오늘의 의미.

그는, 누군가의 아버지일 것이다.

4장

50세, 어느새, 벌써 사랑하는 이의 죽음과 마주할 나이가 되었구나.
다시 한번, 삶의 의미를 되새겨 본다.

29절

오늘 하루의 소중함.

오늘 하루는 아이들에게 잊히지 않는 기억이 될 것이다.

• 우리는 모두 아름답게 빛나는 별들이다.

30절

오늘 하루의 즐거움.

50세, 어느새, 벌써 사랑하는 이의 죽음과 마주할 나이가 되었구나.
다시 한번, 삶의 의미를 되새겨 본다.

31절

고통이란 무엇인가?

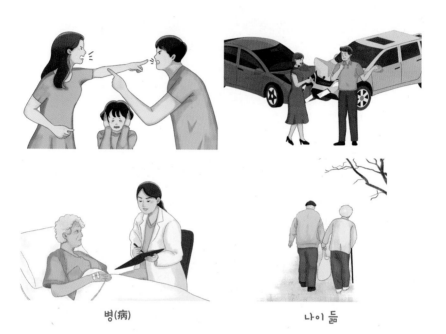

병(病)

나이 듦

● 우리는 모두 아름답게 빛나는 별들이다.

오늘, 아무 일 없었음이 행복이었다.

밀레의 만종

너무도 "감사합니다."

50세, 어느새, 벌써 사랑하는 이의 죽음과 마주할 나이가 되었구나.
다시 한번, 삶의 의미를 되새겨 본다.

33절

하지만, 우리는 행복한 시간을 알아채지 못한다.

● 죽은 후, 남기는 것에 대한 열망이 우리의 가슴속에 있다.

34절

인류는 죽음을 극복하지 못했다.

우리는 죽음과 함께 살아간다.

미지의 두려움

50세, 어느새, 벌써 사랑하는 이의 죽음과 마주할 나이가 되었구나.
다시 한번, 삶의 의미를 되새겨 본다.

35절

삶의 끝, 죽음은 얼마나 고통스러울까?

처형

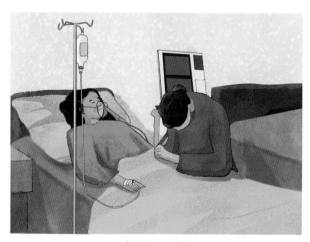

영원한 헤어짐

● 죽은 후, 남기는 것에 대한 열망이 우리의 가슴속에 있다.

36절

우리는 죽음조차도 비교로 받아들인다.

나의 삶은 동료들에 비해 짧았던가?

나는 풍요로웠던가?

자식은 잘 키웠나?

나는 삶을 이루었나?

50세, 어느새, 벌써 사랑하는 이의 죽음과 마주할 나이가 되었구나.
다시 한번, 삶의 의미를 되새겨 본다.

37절

죽음을 의연하게 담담하게 맞이하는 삶도 있다.

죽음은 준비가 된다.

생전 장례식

● 죽은 후, 남기는 것에 대한 열망이 우리의 가슴속에 있다.

우리 스스로는, 오랜 시간 반복되었던 사멸과 재생산의 결과물로,
사후 남기는 것에 대한 열망이 가슴속에 내재되어 있다.

"호랑이는 죽어서 가죽을 남기고, 사람은 죽어서 이름을 남긴다."

4장 50세, 어느새, 벌써 사랑하는 이의 죽음과 마주할 나이가 되었구나.
다시 한번, 삶의 의미를 되새겨 본다.

함께라면 두렵지 않겠다.

● 죽은 후, 남기는 것에 대한 열망이 우리의 가슴속에 있다.

40절

나는 죽지 않는다.

나를 기억하는 이들로 나는 남을 것이다.

　　　　　나의 유전자, 자식들도 나와 닮은 삶을 이어갈 것이다.
나는 다시 태어나는 것이다.

　　　　　나는 흩어지고, 그 물질은 다시 생명으로 태어날 것이다.

50세, 어느새, 벌써 사랑하는 이의 죽음과 마주할 나이가 되었구나.
다시 한번, 삶의 의미를 되새겨 본다.

내가 남길 기억들이라면 좋겠다.

쓰레기 줍는 신사

따뜻한 미소의 아저씨

● 죽은 후, 남기는 것에 대한 열망이 우리의 가슴속에 있다.

42절

미루지 않았던 삶. 후회 없는 삶.

위험한, 도전적인 삶

하고자 하는 일은 오늘 하겠다.

미련 없는 삶.

50세, 어느새, 벌써 사랑하는 이의 죽음과 마주할 나이가 되었구나.
다시 한번, 삶의 의미를 되새겨 본다.

43절

내 마음속에 귀를 기울이자.

음악가는 음악을 만들 때 가장 큰 행복을 느낀다. 음악을 통해 자신의 감정을 표현하고 존재를 확인한다. 화가는 그림을 그릴 때 가장 큰 만족을 얻는다. 그림을 통해 세상을 바라보고, 자신의 시각을 전달한다. 시인은 시를 쓸 때 가장 큰 기쁨을 느낀다. 시를 통해 자신의 생각과 감정을 나누고, 다른 사람들과 소통한다. 인간은 자신의 본성에 진실해야 한다. 이것이 자아실현의 욕구다. 자신의 진정한 내면의 소리를 따라 살아갈 때, 인간은 가장 큰 행복을 얻을 수 있다. 이것이 바로 자아실현이다.

자아실현은 단순히 자신의 꿈을 이루는 것뿐만 아니라, 잠재적 능력을 최대한 발휘하는 것이다. 좋은 교육을 받고 좋은 직장을 얻었다고 해서 행복한 것이 아니라, 자신이 진정으로 하고 싶은 일을 할 때 비로소 행복을 느낄 수 있다. 이처럼 자아실현이란 자신의 진정한 모습을 찾고, 그 모습에 따라 살아가는 것을 의미한다.

p. 5 《매슬로의 동기이론》, 에이브러햄 매슬로, 소슬기 옮김, 유엑스리뷰, 2018.

● 죽은 후, 남기는 것에 대한 열망이 우리의 가슴속에 있다.

죽음을 보상하는 심리들

죽음을 위로하는 행위들

영원을 꿈꾸다.

4장

50세, 어느새, 벌써 사랑하는 이의 죽음과 마주할 나이가 되었구나.
다시 한번, 삶의 의미를 되새겨 본다.

45절

대의를 위한 죽음

아버지는 지금 너희가 있는 고향에서 수륙 5000리나 떨어진 먼 나라에서 이 글을 쓰고 있다. 너희가 아직 어리기 때문에 직접 말할 수 없다는 것이 안타깝지만, 세상 일이 항상 뜻대로 되지는 않는다. 나는 이제 나이가 쉰셋이지만, 너희는 이제 겨우 열 살과 일곱 살이다. 너희가 성장하여 지식이 늘었을 때쯤이면, 나는 이미 기력도 쇠하고 정신도 약해질 것이다. 게다가 나는 지금 왜국에 선전포고를 하고 전쟁터에 서 있으니, 내 목숨을 믿고 너희가 자라서 직접 만날 날을 기다릴 수는 없구나.

p. 16 《백범일지》, 김구, 범우사, 1984.

안중근 의사

● 죽은 후, 남기는 것에 대한 열망이 우리의 가슴속에 있다.

삶이 소중한 이유는 언젠가 끝나기 때문이다.

오늘 일을 미루지 않겠다.

오늘을 산다.

어제는 이미 지나갔다.

Amor Fati

프란츠 카프카는 이렇게 말했다. "삶이 소중한 이유는 언젠가 끝나기 때문이다." 언젠가 죽을 것이라는 사실이 우리가 살아가는 방식에 큰 영향을 줄 것이라는 생각은 매우 자연스러운 것이다. 많은 사람들이 죽음을 인간 존재의 본질적인 핵심으로 여기기 때문에, 우리의 삶의 방식에 큰 영향을 미친다고 믿고 있다.

p. 406 《죽음이란 무엇인가》, 셸리 케이건, 박세연 옮김, 웅진씽크빅, 2012.

50세, 어느새, 벌써 사랑하는 이의 죽음과 마주할 나이가 되었구나. 다시 한번, 삶의 의미를 되새겨 본다.

47절

삶을 견디는 우리는, 당연히 우울하다.

죽음을 향하는 오늘

고통의 바다

우울한 우리는 지극히 정상이다. 삶이 항상 즐겁고 희망적이라면, 오히려 비정상이다.

우울장애(Major depressive disorder)

다음의 증상 중, 5가지 이상의 증상이 2주일 이상 나타나야 한다. '우울한 기분' 또는 '흥미 또는 즐거움의 상실' 중 하나는 반드시 포함되어야 한다. 1. 하루의 대부분, 그리고 거의 매일 지속되는 우울한 기분 2. 거의 모든 일상 활동에 대한 흥미나 즐거움이 현저히 감소 3. 식이 조절을 하지 않는데도 불구하고 체중 감소 또는 증가 4. 거의 매일 불면 또는 과수면 5. 거의 매일 초조 또는 지체 6. 거의 매일 피로 또는 에너지 상실 7. 거의 매일 자기 비난이나 무가치감 또는 과도하고 부적절한 죄책감 8. 거의 매일 사고와 집중력의 감소, 우유부단함 9. 죽음에 대한 반복적인 생각, 구체적 계획이 없는 반복적인 자살 사고 또는 자살을 시도하려는 상세한 계획

The Diagnostic and Statistical Manual of Mental Disorders(DSM-5)

● 예수님은 사랑, 부처님은 윤회로 긍정의 마침표를 찍었다.

세상을 정확히 이해했다면, 우리는 당연히 우울할 것이다.

그러나, 현세의 삶을 초극하기에 인류는 위대하다.

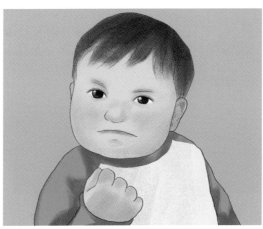

50세, 어느새, 벌써 사랑하는 이의 죽음과 마주할 나이가 되었구나.
다시 한번, 삶의 의미를 되새겨 본다.

49절

삶이란 끊임없는 긍정의 훈련과정이다.

인생은 끊임없는 도전과 변화의 연속이다. 우리는 항상 새로운 상황과 도전
에 직면하게 되며, 그에 대처하기 위해서는 긍정적인 태도를 가지고 삶을
대해야 한다. 어려움과 실패를 배움과 성장의 기회로 받아들일 때, 새로운
도전에 자신감을 가지고 임할 수 있다.

신앙도 결국, 죽음에 대한 긍정적 결론일 것이다.

● 예수님은 사랑, 부처님은 윤회로 긍정의 마침표를 찍었다.

50절

예수님은 사랑, 부처님은 윤회로 긍정의 마침표를 찍었다.

예수님과 부처님의 가르침은 우리가 삶의 어려움과 고통에서 벗어나고, 긍정적인 변화와 해방을 찾을 수 있다는 희망과 도전을 전해준다. 그들의 가르침은 우리에게 사랑과 자비, 올바른 행동과 깨달음을 통한 개인적인 변화와 사회적인 변화의 중요성을 상기시켜준다.

업과 윤회에 관한 불교의 교리는 개인의 삶을 사후의 다음 생으로 연장시키며, 불교 사회의 다양한 계층을 하나로 통합하는 역할을 했다. 불교에서는 비구나 비구니가 열반에 이르는 길에 더 가까이 다가갈 수 있다고 이야기한다. 반면, 일반 재가 신도는 다음 생에 가서야 비로소 그런 기회를 가질 수 있다고 한다. 물론, 현생에서 많은 선행을 쌓아야 내생에서 더 나은 삶을 누릴 수 있다. 또한, 절에 시주를 많이 하고 도덕적인 삶을 산 사람은 극락에 갈 수 있다고 여겨진다.

p. 167 《종교와 세계관》, 니니안 스마트, 김윤성 옮김, 이학사, 2000.

5장

60세,

지금이 좋다.

5장

60세, 지금이 좋다.

1절

우리는 영원을 꿈꾼다.

2절

우리의 인생은 생각보다 길다.

지구의 생명체, 나의 생은 짧은가?

충분히, 많은 것을 할 수 있는 시간이다.

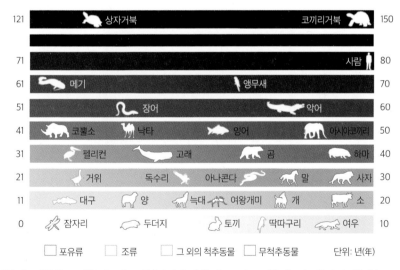

| 121 | 상자거북 | | | 코끼리거북 | 150 |

Data from S.S. Flower, "The Duration of Life in Animals," in Proceedings of the London Zoological Society.

타 생명체와 비교해 보아도 결코 짧지 않다.

5장

60세, 지금이 좋다.

3절

혼란스럽던 젊은 시절이 떠오른다.

번호	성 명
1	신 O 언
2	안 O 진
3	이 O 연
4	인 O 원
5	최 O 연

재시험자 명단

젊음이 부럽지 않다. 지금이 좋다.

황혼은 아름답다.

5장 60세, 지금이 좋다.

5절

부모를 통해 스스로를 본다.

부모와의 기억을 통해, 나를 떠올려 본다.

요양병원에서의 마지막, 만족으로 받아들이겠다.

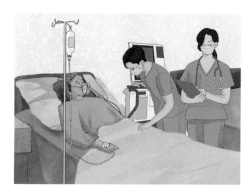

이것은 오히려, 풍요의 장면일 것이다.

그리고, 잠시 떠올려 본다.

7절

우리는 끊임없이 거슬러 올라야 한다.

인생은 끝이 없는 배움의 도량이다.

우리는 삶 속에서 끊임없이 배우고 깨닫는다.

고난은 이겨 낼 수 있지만, 지루함은 극복할 수 없다.

퇴직 후, 행복한 삶을 꿈꾸시나요?

내 사전에 은퇴란 없다.

지속적으로 변화하고 적응하지 않는 삶은 매력적이지 않다.

우리는 오랜 시간, 위험과 고난의 극복과정에서 태어났다.

언제나 호기심으로 가득찬, 어린아이의 눈빛으로 살아가고 싶다.

그는 한때 가장 신성하게 여겼던 '너는 반드시 해야만 한다'라는 명제를 사랑했었다. 이제 그는 그 사랑으로부터 자유를 얻기 위해 가장 신성한 것들 속에서 환상과 방자함을 찾아야만 한다. 이를 위해서는 사자의 힘이 필요하다. 그러나, 형제들이여, 사자가 할 수 없는 것을 어린아이는 할 수 있을까? 왜 약탈하는 사자는 더 나아가 어린아이가 되어야만 할까? 어린아이는 순수하고, 망각할 줄 안다. 어린아이는 새로운 시작이며, 놀이와 같다. 스스로 굴러가는 수레바퀴이며, 최초의 움직임이다. 그리고 신성한 긍정인 것이다. 그렇다, 형제여, 창조의 놀이를 위해서는 신성한 긍정이 필요하다.

p. 30 《짜라투스트라는 이렇게 말했다》, 프리드리히 니체, 백문영 옮김, 혜원출판사, 1996.

10절

사랑하는 이의 위로가 나를 잠들게 하고,
남겨진 삶의 흔적들이 나를 되살릴 것이다.

6장

70세,

그동안 길었던 '삶의 여행'을
마무리할 준비를 할 수 있겠다.

6장

70세, 그동안 길었던 '삶의 여행'을 마무리할 준비를 할 수 있겠다.

1절

내가 가졌던, 소유물의 정리를 시작해야겠다.

꼭, 남겨야 할 물건은 생각보다 적다.

2절

우리 아이들이 나를 바라본다.

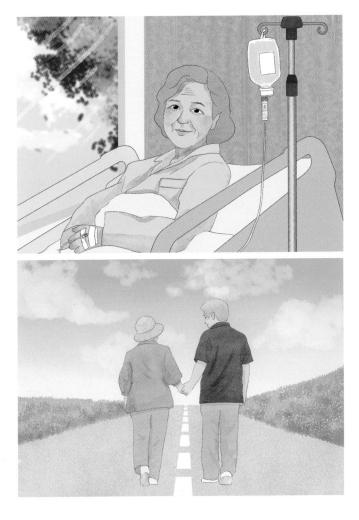

이제, 다시 시작이다.

나의 삶, 후회는 없다.

우리는 사회 속, 구조 또는 서열의 틈바구니에서 살지만, 우열 또는 질서의
정확한 의미를 알지는 못한다. 만만치 않은 전 생애에 걸친 고된 삶을 견디
는 과정에서, 우리는 경험을 통해 지혜를 축적하게 된다. 즉, 성장 과정의 산
고를 겪게 되는 것이다. 인고의 삶의 과정을 전제한다면 우리는 우울해야
겠지만, 허무를 극복하기에 인류는 위대하다.

참고문헌

1.《이기적 유전자》, 리처드 도킨스, 홍영남·이상임 옮김, 을유문화사, 1993.

2.《나의 투쟁》, 아돌프히틀러, 이명성 옮김, 홍신문화사, 1996.

3.《전쟁 기획자들》, 서영교, 글항아리, 2014.

4.《코스모스》, 칼 세이건, 홍승수(옮김), 사이언스북스, 2006.

5.《종의 기원》, 찰스 다윈, 장대익 옮김, 사이언스북스, 2019.

6.《지식의 고고학》, 미셸 푸코, 지정우(역), 민음사, 2000.

7.《인간과 상징》, 칼 G. 융, 이윤기 옮김, 열린책들, 1996.

8.《기울어진 교육》, 마티아스 도프케, 파브리지오 질리보티, 김승진 옮김, 메디치미
   디어, 2020.

9.《철학 이야기》, 윌 듀랜트, 임헌영(역), 동서문화사, 1994.

10.《우리에게 연고는 무엇인가 : 한국의 집단주의와 네트워크》, 김성국(편집자 대
   표), 전통과현대, 2003.

11.〈2019년 가계금융복지조사 보고서〉, 통계청. 2020.

12.《짜라투스트라는 이렇게 말했다》, 프리드리히 니체, 백문영 옮김, 혜원출판사,
   1996.

13.《자존감 수업》, 윤홍균, 심플라이프, 2016.

14.《콤플렉스는 나의 힘》, 정승아, 좋은책만들기, 2012.

15.《사피엔스》, 유발 하라리, 조현욱(옮김), 김영사, 2015.

16.《21세기 자본》, 토마 피케티, 장경덕 외 옮김, 글항아리, 2014.

17.《큰바위 얼굴》, 너새니얼 호손, 이종인 옮김. 가기않은길, 2013.

18.《안나 카레니나》, 레프 톨스토이, 연진희 옮김, 민음사, 2009.

19.《에로티즘》, 죠르쥬 바타이유, 조한경 옮김, 민음사, 1996.

20.《왜 다른 사람과의 섹스를 꿈꾸는가》, 에스더 페렐, 정지현 옮김, 네모난정원,
   2011.

21.《카라마조프 家의 형제들》, 표도르 도스토예프스키, 김연경 옮김, 민음사, 2007.

22.《종교와 세계관》, 니니안 스마트, 김윤성 옮김, 이학사, 2000.

23.《일의 발견》, 조안 B. 시울라, 안재진 옮김, 다우, 2005.

24.《나이 들수록 왜 시간은 빨리흐르는가》, 다우어 드라이스마, 김승욱 옮김, 에코리브르, 2005.

25.《보도 섀퍼의 돈》, 보도 섀퍼, 이병서 옮김, 에포케, 2023.

26.《시간은 흐르지 않는다》, 카를로 로벨리, 이중원 옮김, 쌤앤파커스, 2019.

27.《과학혁명의 구조》, 토머스 쿤, 김명자, 홍성욱(역), 까치글방, 1999.

28.《꿈은 알고 있다》, 디어더 배럿, 이덕남 옮김, 나무와 숲, 2003.

29.《괴델, 에셔, 바흐, 영원한 황금 노끈》, 더글러스 호프스태터, 박여성, 안병서 옮김, 까치글방, 2018.

30.《실천이성비판》, 임마누엘 칸트, 백종현 옮김, 아카넷, 2019.

31.《매슬로의 동기이론》, 에이브러햄 매슬로, 소슬기 옮김, 유엑스리뷰, 2018.

32.《정의란 무엇인가》, 마이클 샌델, 김명철 옮김, 미래엔, 2014.

33.《나의 생애와 사상(물과 원시림 사이에서)》, A. 슈바이처, 지경자 옮김, 홍신문화사, 1990.

34.《자본주의 사회주의 민주주의》, 요제프 슘페터, 이종인 옮김, 북길드, 2016.

35.《소비의 사회》, 장 보드리야르, 이상률 옮김, 문예출판사, 2015.

36.《존재와 시간》, 마르틴 하이데거, 전양범 옮김, 시간과 공간사, 1992.

37.《소유냐 존재냐》, 에리히 프롬, 차경아 옮김, 까치글방, 1996.

38.《엔트로피》, 제레미 리프킨, 이창희 옮김, 세종연구원, 2000.

39.《그리스인 조르바》, 니코스 카잔차키스, 이윤기 옮김, 열린책들, 2000.

40.《FLOW : 몰입, 미치도록 행복한 나를 만난다》, 미하이 칙센트미하이, 최인수 옮김, 한울림, 2018.

41.《주체의 해석학》, 미셸 푸코, 심세광 옮김, 동문선, 2007.

42.《백범일지》, 김구, 범우사, 1984.

43.《죽음이란 무엇인가》, 셸리 케이건, 박세연 옮김, 웅진씽크빅, 2012.

성철아, 아빠 얘길 들어다오: 삶을 깨닫게 하는 인생의 장면, 190

초판발행　　　2025년 1월 2일

지은이　　　　박인호
펴낸이　　　　안종만·안상준

편　집　　　　김다혜
기획/마케팅　　박부하
표지디자인　　Ben Story
제　작　　　　고철민·김원표

펴낸곳　　　　(주)박영사
　　　　　　　서울특별시 금천구 가산디지털2로 53, 210호(가산동, 한라시그마밸리)
　　　　　　　등록　1959. 3. 11. 제300-1959-1호(倫)

전　화　　　　02)733-6771
f a x　　　　02)736-4818
e-mail　　　pys@pybook.co.kr
homepage　www.pybook.co.kr
ISBN　　　　979-11-303-2079-3　03300

정　가　　　　18,000원